Adventures in Italian

1000+ Lines of Useful Italian Dialogues to Help You Learn Italian

Contents

Published in 2023 by Dialog Abroad Books

0921 002
2 4 6 8 10 9 7 5 3
ISBN 978-3-98552-196-8

Introduction

Dear Learner.

This is the story of Adam Jackson, a 20-year-old student from Taiwan. Adam is coming to England to study at the University of Nottingham. He will make a lot of friends and perhaps even find a girlfriend. But what exactly will happen on his semester abroad? Find out inside.

Have fun. Let's begin.

Chapter 1

Il nuovo coinquilino

Adam e sua madre sono appena arrivati a Nottingham. Lo sta aiutando a trovare il suo appartamento. Sono in piedi davanti all'ascensore quando arriva Howard.

TASSISTA Ventotto sterline e sessanta, per favore.

SIGNORA. JACKSON Qui. Prendi trenta sterline da quello.

TASSISTA Grazie mille. Ti restituirò venti sterline. Buona giornata.

SIGNORA. JACKSON Anche tu. Ciao.

ADAM Porterò con me le valigie pesanti. Puoi portare la mia borsa per laptop?

SIGNORA. JACKSON Metti la borsa del laptop sulla valigia quando la tiri. Posso tirare la mia valigia da solo.

ADAM Fortunatamente, l'appartamento ha un ascensore, quindi non dobbiamo portare tutto su per le scale.

SIGNORA. JACKSON Senza un ascensore non potremmo farcela.

ADAM Questa strada è molto bella. Sei mai stato qui prima d'ora?

SIGNORA. JACKSON Sì, conosco molto bene questa strada. A volte andavo in bicicletta con gli amici qui.

ADAM Hai ancora la bici qui a Nottingham? Mi piacerebbe usarlo per vedere tutti i posti interessanti nelle vicinanze.

SIGNORA. JACKSON Sfortunatamente, l'ho venduto prima che ci trasferissimo a Taiwan. Puoi acquistarne uno da una fiera dell'usato o cercare gli annunci sul giornale.

ADAM Sì, ho visto un manifesto di un mercato di biciclette al Nottingham Conference Centre il ventinovesimo marzo. Sai dov'è?

SIGNORA. JACKSON Se non ricordo male, puoi prendere il tram e scendere a Market Square. Da lì, devi solo camminare per altri cinque o dieci minuti.

ADAM Ottimo. Spero di poter ottenere una buona bicicletta ad un buon prezzo. Non so niente di bici.

SIGNORA. JACKSON Sono sicuro che uno dei tuoi nuovi amici dovrebbe essere in grado di aiutarti. Ci sono molte biciclette davanti al tuo edificio. Sembra un posto sicuro dove chiudere a chiave la bici di notte.

ADAM Lo penso anch'io. Sarei così arrabbiato se la mia bici fosse rubata.

SIGNORA. JACKSON Scommetto che il tuo coinquilino ha una bicicletta e potrebbe anche aiutarti a comprarne una.

ADAM Credo che tu abbia ragione. Oh no, non riesco a trovare la mia chiave. Credo di averlo perso.

SIGNORA. JACKSON L'hai appena preso dall'università. Come puoi già perderlo?

ADAM Non lo so. Pensavo di averlo messo in tasca ma ora non riesco a trovarlo. Oh aspetta, l'ho trovato. Era nella borsa del mio portatile.

SIGNORA. JACKSON Grazie a Dio. Non perdere mai la chiave. Immagina se qualcuno lo trova e ruba tutto nel tuo appartamento?

ADAM Come faranno a sapere dove abito?

SIGNORA. JACKSON Il tuo indirizzo è scritto sul portachiavi.

ADAM Ah giusto. Non ci ho pensato.

SIGNORA. JACKSON Dovresti toglierti quel portachiavi e lasciarlo nella tua stanza finché non restituirai le chiavi alla fine del semestre.

ADAM Ok, nessun problema. Guarda, la chiave funziona.

SIGNORA. JACKSON Prendiamo l'ascensore.

HOWARD Buon giorno.

SIGNORA. GIACOMO Buon giorno. Salire?

HOWARD Sì. Per favore, dopo di te.

SIGNORA. JACKSON Grazie.

HOWARD A che piano è il tuo appartamento?

ADAM Al quinto piano.

HOWARD Vivo allo stesso piano. Devi essere il mio nuovo coinquilino.

ADAM Sì, penso di sì.

HOWARD Sono felice di conoscerti. Mi chiamo Howard Brown. Vengo da Edimburgo.

ADAM Anch'io sono contento. Mi chiamo Adam Jackson e questa è mia madre.

HOWARD Signora Jackson, le sue valigie sembrano piuttosto pesanti. Ti aiuterò a portarli.

SIGNORA. JACKSON E' carino da parte tua. Da quanto tempo vivi a Nottingham?

HOWARD Vivo a Nottingham da cinque anni. Questo è il mio ultimo semestre qui e poi torno a Edimburgo per lavorare.

ADAM Cosa studi all'università?

HOWARD Medicina. Voglio fare il pediatra.

SIGNORA. JACKSON Ottimo. Quindi devi lavorare anche all'ospedale universitario, giusto?

HOWARD Esattamente. Lavoro solo il martedì e il giovedì. E tu, Adam? Cosa studi all'università?

ADAM Sto studiando storia alla National Taipei University di Taipei.

HOWARD Amo Taiwan. Ci sono stato una volta ma non so nulla della sua storia. Forse puoi dirmi di più qualche volta ? Ci sei nato?

ADAM Sì, lo ero, ma mia madre no. È nata a Nottingham.

HOWARD Ottimo. Sei un vero Nottinghamiano.

SIGNORA. JACKSON Sì, sono nato nell'ospedale della città. Ventun anni fa, ovviamente!

Chapter 2

Il giro dell'appartamento

Howard apre la porta dell'appartamento e inizia a far fare ad Adam e sua madre un giro dell'appartamento.

HOWARD Benvenuti nel nostro appartamento. Puoi appendere i cappotti lì e mettere le scarpe sulla scarpiera.

SIGNORA. JACKSON Buona idea. Togliersi le scarpe prima di entrare nell'appartamento mantiene il pavimento pulito e non è necessario pulire così spesso.

HOWARD Hai ragione. odio pulire il pavimento

SIGNORA. JACKSON E hai anche un paio di pantofole qui. Sono tuoi o per gli ospiti?

HOWARD Quelli blu sono miei. Per favore, prendi un paio degli altri se hai i piedi freddi.

ADAM Gli altri mi sembrano troppo piccoli. Camminerò solo con i calzini.

HOWARD Puoi comprarne un paio per un paio di sterline. Lascia che ti mostri l' appartamento. Questa qui è la cucina. Abbiamo un forno a microonde, un forno e un frigorifero. Il ripiano superiore del frigorifero è mio e quello inferiore è tuo. Ti mostrerò come usare la lavastoviglie più tardi, quando sarà piena.

ADAM Bene, non devo lavare i piatti a mano. Ogni quanto lo devi mettere ?

HOWARD Di solito due volte alla settimana. Di più se facciamo una festa o se vengono gli amici a cena. Abbiamo un sacco di piatti e posate, quindi non è un problema se ce ne dimentichiamo. Dall'altra parte del corridoio è il bagno con doccia. Questo qui è il soggiorno.

ADAM Sembra molto bello e da qui c'è una bella vista sulla foresta.

HOWARD Sì, mi piace sedermi sul balcone e prendere una tazza di caffè quando il tempo è bello.

ADAM Com'è il divano? È comodo ?

HOWARD Sì, sembra un po' antiquato ma è comodo. In realtà è un divano letto. Ottimo per quando amici o parenti soggiornano.

ADAM Ah bene. E mi è stato detto che l'appartamento ha la TV via cavo. È giusto?

HOWARD Molte serie e film internazionali vengono trasmessi qui in TV, ma tutti sono disponibili solo con audio in inglese.

ADAM Peccato.

SIGNORA. JACKSON Sarai troppo impegnato a studiare e incontrare nuovi amici per guardare la TV.

ADAM È vero. Posso comunque guardare i programmi sul mio laptop. Howard, puoi aiutarmi a connettermi al Wi-Fi?

HOWARD Certo. Il nome della rete è Netzgear 3000 e la password è "nodding dog" ma con numeri e lettere.

ADAM Ahah, bello. Adoro quei cani. Ne ho uno nella mia macchina. Come si scrive?

HOWARD N maiuscola e poi 0-d-d-1-n-g-d-0-g.

ADAM Ok, grazie. Sono connesso al mio telefono. Mi collegherò sul mio portatile più tardi.

HOWARD Oh, dovrei dirti che il telefono accanto allo specchio nell'ingresso può effettuare chiamate solo con una scheda telefonica.

ADAM Nessun problema. Non lo userò comunque. Posso usare le app sul mio smartphone se devo chattare con qualcuno.

HOWARD Infine, quella laggiù è la mia camera da letto. Sei nella stanza numero due. L'ultima porta a sinistra.

ADAM E dove posso lavare i miei panni? C'è una lavatrice?

HOWARD La lavatrice e l' asciugatrice sono nel seminterrato. Te lo mostro un po' più tardi. È ok?

ADAM Sì, non ho ancora vestiti sporchi.

HOWARD Fatevi come a casa vostra. Scusatemi, domani ho un esame importante per il quale devo studiare. È stato molto bello conoscerla, signora Jackson. Ci vediamo dopo, Adam.

ADAM Grazie Howard. Arrivederci. Mamma, portiamo le valigie in camera mia.

SIGNORA. JACKSON La tua stanza è carina. Un letto, un armadio, una scrivania e una sedia. Cosa ti serve ancora?

ADAM Forse una cassettiera. Oh aspetta, ci sono dei cassetti dentro l'armadio.

SIGNORA. JACKSON Bene. Metti la biancheria intima e le magliette nei cassetti e appendi camicie e pantaloni, così non dovrai stirarli.

ADAM Non ci sono abbastanza grucce, quindi terrò anche i miei pantaloni in uno dei cassetti con i miei pantaloncini.

SIGNORA. JACKSON Dovresti pulire i cassetti prima di metterci dentro qualsiasi capo di abbigliamento.

ADAM Sembrano già abbastanza puliti. Cominciamo a disimballare.

SIGNORA. JACKSON Va bene. Ecco le tue t-shirt e polo. Appenderò le tue magliette.

ADAM Grazie. Metto via tutto il resto. Vedi un buon spazio per i miei bagagli?

SIGNORA. JACKSON Che ne dici di sotto il letto? Sembra che si adatterà.

ADAM Buona idea.

SIGNORA. JACKSON Ecco, ti ho comprato una festa di inaugurazione della casa regalo. È solo un accappatoio.

ADAM Non dovevi comprarmi niente. Grazie mille.

SIGNORA. JACKSON So che non devo. Volevo. Sei mio figlio.

ADAM Lo adoro. È molto utile; soprattutto fino a quando non arriva il clima più mite.

SIGNORA. JACKSON Esattamente. Puoi dirmi che ore sono adesso?

ADAM Sono le due e mezzo. A che ora incontri lo zio Robert?

SIGNORA. JACKSON Abbiamo una prenotazione alle 17:00. Lo chiamo quando arrivo al ristorante. Vorrei comprargli un regalo in anticipo, quindi me ne vado ora.

ADAM Ok, di' allo zio Robert che ti ho salutato.

SIGNORA. JACKSON Lo farò. Ecco dei soldi per comprare la cena per te e Howard. Dovrebbe conoscere i posti migliori in cui mangiare in città. Vieni a darmi un abbraccio.

ADAM Grazie. Forse ha dei piani, ma glielo chiederò. Arrivederci.

Chapter 3

Il tram

Più tardi quel giorno, Adam e Howard stanno parlando nell'appartamento.

HOWARD È tutto in ordine nella tua stanza?

ADAM La finestra è rotta. non riesco ad aprirlo.

HOWARD Sì, lo so. Mi è stato detto che verrà riparato presto.

ADAM E voglio avere un cuscino in più. Dove posso acquistarne uno?

HOWARD Alcuni negozi del centro vendono cuscini, ma sono un po' cari.

ADAM Sono già le otto. I negozi sono ancora aperti?

HOWARD Sfortunatamente no. La maggior parte dei negozi chiude prima delle otto. Se hai tempo un altro giorno, vai da IKEA. Hanno un sacco di biancheria e altri articoli per la casa a buoni prezzi.

ADAM Non ho mai comprato niente da IKEA. Come ci arrivo?

HOWARD Anch'io voglio comprare qualcosa da lì, così possiamo andare insieme. Ho bisogno di una nuova lampada da scrivania. Forse mercoledì sera?

ADAM Suona bene. A che ora chiude il negozio il mercoledì?

HOWARD Penso che sia aperto fino alle 21:00. Ceneremo lì prima di fare acquisti.

ADAM Ottimo. Non vedo l'ora.

HOWARD A proposito di cena, ho fame. Andiamo a mangiare.

ADAM Buona idea. Dove mangiamo? In un ristorante?

HOWARD Andremo a cena in un ristorante di tapas nel centro della città.

Adam e Howard lasciano l'appartamento e vanno alla fermata del tram.

ADAM Servono cibo vegetariano lì?

HOWARD Sì, naturalmente. Ci sono molti piatti diversi senza carne.

ADAM Eccellente. Vendono birra? Non vedo l'ora di bere la mia prima birra inglese in Inghilterra.

HOWARD Ti offro la tua prima birra. Preferisci bere birra chiara o scura ?

ADAM Non ho preferenze. Se hai una birra preferita, la proverò.

HOWARD C'è una birra chiara che mi piace. È prodotto qui a Nottingham. Viene venduto anche in bottiglia se lo vuoi bere a casa.

ADAM Suona bene. Vorrei provarlo fresco prima di provarlo a casa. Esci spesso?

HOWARD Non così spesso. A volte vado al cinema con gli amici o mangiamo qualcosa l'uno nell'appartamento dell'altro. Non posso permettermi di uscire a bere tutto il tempo.

ADAM Non esco affatto a bere a Taipei. Le persone preferiscono bere il tè o andare al mercato notturno per il cibo di strada.

HOWARD Per te è più facile risparmiare soldi lì allora. Quando è il tuo compleanno ?

ADAM Compirò ventun anni il ventinove aprile.

HOWARD Ah, quindi compi ventuno anni mentre sei qui nel Regno Unito

ADAM Esattamente. Quanti anni hai?

HOWARD Ho ventiquattro anni. Il mio compleanno era a gennaio. L'undicesimo.

ADAM Hai fatto qualcosa di speciale per il tuo compleanno?

HOWARD Niente di speciale. Ho cenato con la mia famiglia e gli amici a casa. È stato un po' noioso. Dobbiamo fare una festa per il tuo ventunesimo compleanno.

ADAM Certo. Non vedo l'ora. È il nostro tram che sta arrivando adesso?

HOWARD Sì, è nostro. La cosa buona è che il tram è molto frequente quindi non bisogna mai aspettare a lungo.

ADAM Oh, ho dimenticato di comprare un biglietto prima di salire. Verrò beccato e dovrò pagare una multa ?

HOWARD Niente panico. Compriamo velocemente il biglietto dalla biglietteria automatica. Successivamente, dovresti acquistare un biglietto semestrale per gli studenti perché è più economico che acquistare un biglietto singolo ogni volta.

ADAM Oh wow, allora ne vale davvero la pena.

HOWARD Ma non puoi comprarlo fino a quando non ricevi la tua carta dello studente all'orientamento lunedì. Per ora, ottieni un biglietto singolo. Qui, ti mostrerò come acquistarlo. Premi qui per il biglietto singolo. Paghi in contanti o con carta?

ADAM Proverò la mia carta. Se non funziona, pagherò in contanti. Quindi, inserisco la mia carta qui? Dove inserisco il numero di pin?

HOWARD Sulla tastiera, qui. Il biglietto viene stampato ed esce in fondo. Non dimenticare la ricevuta.

ADAM Oh, capisco. È meglio che tenga il biglietto nel portafogli, così non lo perdo.

Adam e Howard sono sul tram a parlare.

HOWARD Mi scusi. È libero questo posto?

PASSEGGERO Sì, si accomodi.

HOWARD Grazie. Prendi il posto vicino al finestrino, così puoi vedere un po' della città mentre viaggiamo.

ADAM Ok, grazie. Quante fermate prima di scendere?

HOWARD Solo sei fermate. Ci vorranno circa dieci minuti per raggiungere il centro della città.

ADAM Non è molto lontano. La metropolitana di Taipei è veloce ma ci vogliono ancora anni per arrivare dove stai andando. E non c'è niente da vedere fuori dalla finestra.

HOWARD Il sistema di tram qui è comodo e pulito. Funziona anche fino a tardi ogni sera per le persone che tornano a casa dal pub.

ADAM Forse ne avremo bisogno se restiamo fuori fino a tardi.

HOWARD Non ho programmi per domani.

ADAM Vedi se ci godiamo la prima birra e poi decidiamo.

Chapter 4

La prima birra

Adam e Howard arrivano al bar di tapas ma c'è un problema.

HOWARD Questo è il ristorante di tapas dove volevo portarti.

ADAM Molto bello. Sarei passato davanti all'ingresso se non mi avessi detto che era qui.

HOWARD Sì, non è ovvio dall'esterno. Passiamo attraverso e vediamo cosa vogliamo mangiare.

ADAM Tante opzioni. Tutto ha un ottimo profumo. Non so se sarò in grado di decidere su una sola cosa.

HOWARD Allora prendi un sacco di piccole cose.

ADAM C'è un tavolo per sederci?

HOWARD No, l' area salotto è completamente piena. Non è un buon momento per venire qui. Dobbiamo aspettare un tavolo.

ADAM Troviamo un altro ristorante.

HOWARD Conosco un posto qui vicino. Penso che i loro budini dello Yorkshire siano i migliori di Nottingham. Molto croccante e tuttavia super umido.

ADAM Cos'è uno Yorkshire pudding? È un piatto tradizionale di Nottingham ?

HOWARD Viene dalla regione del nord dell'Inghilterra. Puoi ordinarlo nella maggior parte delle città della Gran Bretagna. È un po' come una frittella a forma di coppa. Solitamente vengono serviti come contorno di una cena a base di arrosto, ma è possibile ordinarli con diversi ripieni.

ADAM Sembra delizioso. Mi piacerebbe provarlo. Andiamo.

Adam e Howard arrivano al ristorante.

HOWARD Sembra troppo occupato dentro. Dobbiamo sederci fuori. È ok?

ADAM Sì, va bene. Stasera non fa così freddo come pensavo.

HOWARD Questa zona è protetta dal vento dagli edifici circostanti. Inoltre, hanno i riscaldatori all'esterno. Guarda, c'è un tavolo laggiù.

ADAM Presto, prendilo prima che arrivi qualcun altro.

HOWARD Ah perfetto. Proprio sotto il riscaldamento e con una splendida vista sulla strada per osservare la gente che passa. Ecco, prendi un menu.

ADAM Grazie. Questo posto è davvero carino. Non sono ancora abituato al tasso di cambio. I prezzi qui sono buoni?

HOWARD Sì, molto giusto. Sarai pieno da qualunque cosa tu ordini.

ADAM Voglio provare lo Yorkshire pudding ripieno di stufato di manzo, ma non mi piace mangiare molta carne.

HOWARD Puoi ordinare lo stufato di manzo e scegliere solo la carne.

CAMERIERA Buonasera. Vuoi ordinare qualcosa da bere prima?

HOWARD Vorremmo ordinare qualcosa da mangiare e da bere. Da bere, due pinte di Harvest Pale, per favore. Per mangiare, vorrei la zuppa e l'insalata fatte in casa.

CAMERIERA E per te?

ADAM Vorrei lo Yorkshire pudding con stufato di manzo, per favore.

CAMERIERA Desidera qualcos'altro?

ADAM No. Questo è tutto, grazie.

CAMERIERA Nessun problema. Tutto verrà subito.

ADAM Puoi dirmi dov'è il gabinetto?

CAMERIERA Direttamente sotto le scale laggiù.

ADAM Ottimo, grazie.

CAMERIERA Prego.

Adam torna al tavolo. Le bevande sono già arrivate. Cominciano a discutere delle rispettive famiglie.

HOWARD Congratulazioni per la tua prima birra in Inghilterra. Saluti!

ADAM Saluti!

HOWARD Cosa ne pensi? Ti piace?

ADAM È un po' strano. Immagino di non essere abituato a bere birra. Sono sicuro che mi piacerà prima di raggiungere il fondo del bicchiere.

HOWARD Allora, perché tua madre si è trasferita a Taiwan?

ADAM Ha incontrato mio padre a Taipei quando era in vacanza. I suoi genitori sono inglesi, ma è nato e cresciuto a Taiwan. Si tenevano in contatto e si facevano spesso visita. Dopo essersi sposati, hanno deciso di rimanere a Taiwan e crescere una famiglia.

HOWARD Hai fratelli e sorelle?

ADAM No, sono figlio unico. E tu?

HOWARD Ho un fratello maggiore e due sorelle minori. Vivono ancora tutti a Edimburgo, ma vengono a trovarci spesso. Hai dei parenti qui a Nottingham?

ADAM Ho uno zio da parte di madre. Ha due figlie; i miei cugini. Hanno 19 e 26 anni ed entrambi vivono ancora a Nottingham. Sono sicuro che li incontrerai quando verranno a trovarmi nel nostro appartamento.

HOWARD Sono belli ?

ADAM Certo! Ognuno è la mia famiglia è di bell'aspetto! Ma il più grande è già sposato e ha un figlio di 5 anni e una figlia di 9 mesi. Il più giovane è uno studente del primo anno all'università. Potresti anche averla vista al campus.

HOWARD Che aspetto ha?

ADAM È piuttosto bassa con gli occhi azzurri e lunghi capelli biondi ma avrebbe potuto tingerli e tagliarli corti. Sono sicuro che molte ragazze corrispondono a questa descrizione. Ho una foto sul telefono. Aspetta e ti faccio vedere.

HOWARD Wow, sì. Lei è carina!

ADAM Ed ecco una foto dell'altra mia cugina con i suoi figli.

HOWARD Anche lei è molto carina. Lascia che ti mostri una foto dei miei fratelli. Questa qui è Laura. Verrà a trovarci il mese prossimo per qualche giorno.

ADAM Molto carino. Non vedo l'ora di incontrarla. Lei è single?

Chapter 5

La ragazza inglese

Adam e Howard si stanno godendo la cena quando sentono due donne che chiacchierano in inglese con accenti cinesi.

HOWARD Allora non hai una ragazza a Taipei?

ADAM No. Frequentavo una persona da qualche mese, ma si è trasferita in California per studiare alla Stanford University. Quindi, ci siamo lasciati. Il suo sogno è lavorare nella Silicon Valley.

CAMERIERA Va tutto bene?

HOWARD No, la zuppa non è abbastanza calda.

CAMERIERA Mi dispiace. Fammi scaldare. _ _ Lo riporterò subito.

HOWARD Grazie.

Dovresti parlare con delle ragazze del posto. Le ragazze accanto a noi sembrano cinesi, vero?

ADAM Credo che tu abbia ragione, anche se non so dire di quale paese siano.

HOWARD Mi presento.

ADAM Forza. Buona fortuna.

HOWARD Grazie, ne ho bisogno.

Scusami, sei cinese?

WINNIE No, io vengo da Taiwan e Agnes qui viene da Hong Kong.

HOWARD Fantastico, anche il mio amico Adam è di Taiwan. Vuoi unirti a noi per un drink?

WINNIE Certo. Abbiamo un'amica che presto si unirà a noi, quindi dovremmo tenere una sedia libera per lei quando verrà.

HOWARD Nessun problema. Mi chiamo Howard. Come ti chiami?

WINNIE Sono Winifred ma la gente mi chiama Winnie.

HOWARD Ciao Winnie. E so che tu sei Agnes. Ciao.

ADAM Nel caso non avessi sentito, io sono Adam. Piacere di conoscerti.

AGNES Allo stesso modo. Che ci fai qui a Nottingham? Stai solo viaggiando?

ADAM No, sto studiando qui per il semestre all'università. Sto imparando la storia locale e sto cercando di migliorare il mio pessimo inglese.

WINNIE Il tuo inglese è davvero buono. È divertente che siamo di madrelingua cinese eppure siamo seduti qui a parlare inglese.

HOWARD Quando a Roma come si suol dire. Allora, cosa fate voi due allora?

WINNIE Lavoriamo come ragazze alla pari per due famiglie locali. Per me è un'opportunità per viaggiare in Europa guadagnando soldi. Non è qualcosa che voglio fare per il resto della mia vita.

AGNES Lo stesso per me. Amo viaggiare e ho sempre voluto lavorare con i bambini. Ho intenzione di lasciare presto il mio lavoro e tornare all'università per studiare insegnamento.

HOWARD Perché hai deciso di venire in Inghilterra?

AGNES Mio padre è di Londra e mi ha insegnato l'inglese sin da quando ero piccola, quindi sapevo che prima o poi sarei venuta in Inghilterra per vivere e lavorare. Ah ecco che arriva Emma. Emma!

EMMA Ciao ragazzi.

AGNES Questi sono i nostri nuovi amici. Questo è Howard di Edimburgo e Adam di Taiwan.

EMMA Piacere di conoscerti.

WINNIE Puoi sederti vicino ad Adam e raccontargli tutto di Nottingham. È appena arrivato oggi.

EMMA Oh, che bello. Benvenuti a Nottingham.

ADAM Grazie. È bello essere qui. Allora, vivi qui da molto?

EMMA Solo tutta la mia vita. A parte il mio viaggio annuale di famiglia nel Lake District, non ho mai lasciato Nottingham.

ADAM Oh, capisco. Devi amarlo qui allora.

EMMA Davvero. Ma è sempre stato il mio sogno vivere in Asia.

Adam ed Emma continuano a parlare in privato mentre gli altri tre parlano tra loro.

EMMA E io amo davvero i film. Vado al cinema almeno una volta al mese.

ADAM Anche io amo i film. Di solito esci con il tuo ragazzo?

EMMA No, solo con gli amici. E non ho un ragazzo. Cosa ne pensa la tua ragazza del fatto che studi all'estero per un semestre?

ADAM Non ho una ragazza. Se ne avessi uno, non credo che vorrei lasciarla per tre mesi.

EMMA Oh, quindi sei un ragazzo romantico?

ADAM Mi piace pensare di esserlo.

EMMA Mia madre mi ha messo in guardia dai ragazzi come te.

ADAM Perché? Cosa c'è di sbagliato nel romanticismo? Sono sicuro di poterla convincere che un po' di romanticismo va bene.

EMMA Lei scherza sul fatto che mi innamorerò di qualcuno e vorrò scappare con lui. Penso che voglia che io viva a casa per sempre. Non credo che tu abbia alcuna possibilità di convincerla. Ma potresti essere amico di mio padre. Ama parlare con gli stranieri. Comunque, domani devo alzarmi presto, quindi dovrei andare.

ADAM Forse possiamo incontrarci di nuovo e tu puoi dirmi di più sulla tua famiglia. Se hai tempo, ti va di pranzare con me sabato prossimo?

EMMA Solo noi due? Certo, ma non posso pranzare. Sono impegnato fino a sera.

ADAM Allora a che ora sei libero?

EMMA Dopo le 19 sono libera.

ADAM Ok, ci vediamo in Piazza del Mercato Vecchio alle 20:00. Va bene per te?

EMMA Sì, va bene. È tardi. Devo andare. Poi, fino a sabato sera.

ADAM Non vedo l'ora. Fino a sabato sera.

Chapter 6

L'orientamento

Adam è all'università chiedendo ai passanti indicazioni per l'orientamento.

ADAM Mi scusi. Sto cercando di trovare un orientamento per i nuovi studenti. Sai dov'è?

VECCHIO UOMO Mi dispiace, non sono uno studente qui. Sono entrato solo per usare il bagno.

ADAM Ah, va bene. Grazie comunque.

Mi scusi. Sai dov'è l'orientamento?

GIOVANE DONNA Sì, c'ero anch'io. Vai dritto lungo questo corridoio e poi sali le scale a sinistra.

ADAM Le scale in fondo al corridoio o le prime scale che incontro?

GIOVANE DONNA Le scale in fondo. Possiamo andare insieme se vuoi?

ADAM No, no. Non voglio disturbarti. Grazie per il vostro aiuto, penso di poter trovare la strada.

GIOVANE DONNA Nessun problema. Se ti perdi, puoi chiedere a qualcuno con un badge con il nome.

Adam arriva all'orientamento e incontra un paio di studenti che stanno aiutando i nuovi studenti con la registrazione.

ADAM Mi scusi, è qui che devo registrarmi per la tessera dello studente e l'accesso a internet?

SARA Sì, lo è. In che facoltà sarai?

ADAM Sono uno studente di scambio per questo semestre. Sto studiando storia. Mi chiamo Adam Jackson.

SARA Ciao Adam. Sono Sara. E questo è Cameron. Preparerò il tuo accesso a Internet e Cameron ti aiuterà a ritirare la tua carta dello studente.

CAMERON Ciao Adam. Seguimi e ti faremo fare una foto per la carta dello studente. Quindi studi storia? In che anno sei tu?

ADAM Questo è il mio secondo anno ma sono qui solo per questo semestre.

CAMERON Ah davvero? Anch'io sto studiando storia al secondo anno. Parteciperemo a molte delle stesse lezioni insieme.

ADAM Oh bene. Ti piace studiare qui? È una bella università?

CAMERON Lo adoro. C'è un'atmosfera fantastica e i corsi sono davvero interessanti. Più tardi ti presenterò un paio di nostri compagni di classe.

ADAM Ma pensavo che le lezioni non inizino prima della prossima settimana?

CAMERON Esatto, ma alcuni di noi sono già qui in città, quindi pranziamo insieme.

ADAM Suona bene.

CAMERON Ok, questo è il posto in cui ti fai fotografare. Fai la fila qui e poi dai il documento di registrazione al fotografo. Aspetterò laggiù. È lì che ritiri la tua carta dello studente.

ADAM Ci vorrà molto per ottenere la carta?

CAMERON No, è quasi istantaneo. Avrai finito in un paio di minuti. È davvero veloce.

FOTOGRAFO Posso avere la sua carta di registrazione per favore?

ADAM Certo. Ecco qui.

FOTOGRAFO Ok, mettiti dietro la linea blu e guarda nella telecamera mentre inserisco il tuo ID di registrazione.

ADAM Quale linea blu? Oh, lo vedo. Hai uno specchio?

FOTOGRAFO Sì, ce n'è uno alla tua destra.

ADAM Oh, sono contento di aver controllato. I miei capelli sembrano orribili. C'è un po' di vento fuori.

FOTOGRAFO Sei pronto? Ora ti faccio una foto. 1...2...3... sorridi! Ok, la tua carta dello studente apparirà alla stampante in pochi secondi.

ADAM Proprio qui? Ah, eccolo. Grazie.

CAMERON Dovresti controllare che i dettagli sulla carta siano corretti.

ADAM Sembra tutto a posto. Anche se, vorrei poter riprendere la foto.

CAMERON Non preoccuparti, a nessuno piace la foto sulla tessera dello studente. Dovresti vedere quello sulla mia patente. Sembra che stia per starnutire.

ADAM Haha, forse la mia foto non è poi così male allora.

CAMERON Torniamo a Sarah e prendiamo il tuo nome utente Internet e la tua password temporanea.

ADAM Ok, certo.

CAMERON Sarah, l'accesso a Internet di Adam è pronto?

SARA Sì, tutto pronto per te Adam. Ecco qui. Questo qui è il tuo nome utente e la password temporanea. Puoi cambiare la password la prima volta che accedi. E in fondo c'è il tuo indirizzo email universitario.

ADAM Ottimo, grazie. Ti dispiace se accedo e cambio la mia password adesso? Non voglio provarlo da qualche altra parte e poi devo tornare per aggiustarlo.

SARA Siediti. Fammi uscire rapidamente e poi puoi accedere al mio computer.

ADAM Ok, quindi nome utente. E poi parola d'ordine. Nuova password. Reinserire la nuova password. Accedere. Ok, ci sto. Grazie mille. Puoi riavere il tuo computer. Ci scusiamo per il disturbo.

SARA Nessun problema. Esci, così posso accedere di nuovo.

CAMERON Ora sei a posto. Cosa devi fare adesso?

ADAM Voglio davvero vedere di più del campus, quindi stamattina farò una passeggiata.

SARA Buona idea. Ecco, ti darò una mappa del campus nel caso ti perdessi.

ADAM Ah, grazie. Questo è molto utile.

CAMERON E torna qui verso mezzogiorno e unisciti a noi per pranzo.

ADAM Va bene, lo farò. Ci vediamo.

Chapter 7

I nuovi amici

Adam e i suoi compagni Cameron, Sarah, Gabriel e Lindsay si stanno godendo il pranzo insieme e parlano dei loro film preferiti.

CAMERON Allora, Adam, che tipo di film ti piacciono?

ADAM Amo le commedie. Il mio preferito è probabilmente *Pirate Radio.* La prima volta che l'ho visto, ho riso così tanto che ho pianto.

GABRIEL Oh, questo è un classico britannico. Ma il film ha un titolo diverso nel Regno Unito. Si intitola *La barca che dondolava.*

ADAM Wow, così diverso dal titolo taiwanese. Qual è il tuo genere di film preferito?

CAMERON Anche io amo le commedie, ma preferisco i film d'azione. Qualsiasi cosa con pistole ed esplosioni.

GABRIEL Sì, le scene di esplosioni nei film sono fantastiche. Più grande è, meglio è.

SARA Ach, i ragazzini adorano tutti i film d'azione stupidi. Non c'è nessuna storia.

LINDSAY Sono d'accordo. Non hanno mai neanche buoni attori.

CAMERON Almeno qualcosa sta accadendo sullo schermo. Molto meglio di una coppia che parla dei propri sentimenti per due ore.

SARA Non ho detto che mi piacciono i film romantici. Solo che i film d'azione sono stupidi. Se vuoi saperlo, il mio film preferito è *The Shawshank Redemption* con Morgan Freeman.

ADAM Non lo conosco. È buono?

SARA È il miglior film di sempre. Sono sicuro che l'hai visto. Il protagonista evade dal carcere.

ADAM Ah ok. Certo, lo conosco. Penso che sia il preferito di molte persone.

GABRIEL Ha un titolo diverso a Taiwan?

ADAM A Taiwan si chiama *1995: Fantastico*.

LINDSAY Wow, che strano titolo!

GABRIELE Molto strano. Tuttavia, Shawshank Redemption non significa nulla fino a quando non guardi il film.

ADAM Esattamente. Qualcuno di voi è stato al cinema di recente? Ci sono un paio di bei film in programma in questo momento.

LINDSAY Sono andato la scorsa settimana con mia sorella a vedere il nuovo dramma di Christopher Nolan. È un regista brillante.

GABRIEL I registi hanno troppo credito. Se la sceneggiatura è pessima, allora non importa quello che fa il regista, non può fare in modo che il film abbia successo.

CAMERON Non sono d'accordo. Diciamo che ci sono due film con buoni scrittori. Uno ha un buon regista e uno ha un cattivo regista. Quindi sarà ovvio qual è il film migliore.

GABRIEL Ottima osservazione. Ma credo che gli attori siano i fattori più importanti per realizzare un buon film.

SARA Sì, non guarderò un film se la recitazione è davvero pessima. Sono persino uscito da un film prima.

ADAM Come si chiama il film?

SARA Non dirò solo nel caso ti piaccia. Non voglio offenderti.

ADAM Ahah, nessun problema. Sono sicuro che non mi offenderei. Ci sono molti film che mi piacciono che i miei amici mi odiano e mi prendono in giro perché mi piacciono.

GABRIEL Basta con i film. Qualcuno ha visto l'orario di questo semestre? Abbiamo il lunedì e il giovedì totalmente gratuiti. È ottimo.

SARA Beato te. ho _ lezioni tutti i giorni, anche il lunedì devo entrare solo per un'ora di lezione alle 9, poi sono libero il resto della giornata. Immagino che mi dia una ragione per alzarmi il lunedì mattina.

ADAM Oh, pensavo studiassi anche storia?

SARA No, no. La mia specializzazione è matematica.

LINDSAY Mi piace che abbiamo due giorni liberi. Scusa Sara. Ma significa che posso cambiare il mio orario di lavoro, quindi lavoro solo otto ore due giorni alla settimana più il fine settimana invece di quattro ore al giorno distribuite su quattro sere.

CAMERON Lavori ancora al negozio di giocattoli ?

LINDSAY Sì. Ho lavorato a tempo pieno durante l'inverno. Era così impegnato con la gente che impazziva per lo shopping natalizio. È stato bello ottenere soldi extra però.

ADAM Avete tutti lavori part-time ?

GABRIELE No. Suono la chitarra in una band e a volte riceviamo concerti nel fine settimana. Con questi due giorni liberi posso esercitarmi molto di più.

LINDSAY Oltre a studiare molto di più. Basta copiare dai miei appunti come hai fatto lo scorso semestre. vero Gabriele?

GABRIEL Naturalmente Lindsay. Ma i tuoi appunti sono sempre così belli. Dovresti essere lusingato.

CAMERON E tu, Adam? Cosa farai di questi due giorni liberi?

ADAM Davvero non mi aspettavo di avere questo tempo libero. Pensavo che sarei stato impegnato in classe tutto il tempo. Forse cercherò anche un lavoro part time. Non credo che sarò motivato a studiare se non devo venire all'università.

SARA È come me. Se non sono qui, non ho voglia di studiare a casa. Immagino che il mio orario sia migliore del tuo allora.

GABRIEL Meglio se sei un fanatico. Peggio se hai una vita sociale come me. Il nostro orario è decisamente migliore.

LINDSAY Non ascoltarlo Sarah. È solo geloso del fatto che otterrai voti molto migliori dei suoi.

GABRIEL Chi ha bisogno di buoni voti quando sei una rockstar internazionale?

LINDSAY Pff, hai scritto solo due canzoni originali. Per lo più canti canzoni di altre band.

GABRIEL Beh, con i due giorni in più, posso scrivere più canzoni. Canzoni più fantastiche direi.

CAMERON Potresti scrivere una canzone a settimana e poi forse la tua band può registrare un album alla fine del semestre.

GABRIELE Esattamente. E diventerà un grande successo. Poi vedremo quanto sono importanti i voti.

SARA Ok, torniamo alla realtà. Andiamo Cameron. Dovremmo tornare all'orientamento.

CAMERON Certo, Sarah. Adam, ci riuniamo di nuovo mercoledì a pranzo al Lace Market, ti va di unirti a noi?

ADAM Certo, suona alla grande. Ora vado in biblioteca, quindi tornerò con voi ragazzi.

Chapter 8

La città di Nottingham

Adam e i suoi compagni di classe stanno passeggiando per il Lace Market nel centro di Nottingham.

CAMERON Adam, devi provare gli hamburger qui. Sono i migliori.

ADAM Ah sì? Che tipo hanno?

CAMERON Raccomando il tedesco con crauti alla griglia e senape in cima. Delizioso.

ADAM Bene, adoro i crauti.

PRISHA Ehi, scusa il ritardo. Ragazzi, avete già mangiato?

GABRIEL No, ti stavamo aspettando. Questo è Adam, il nostro nuovo compagno di classe questo semestre. Adam, ti presento Prisha.

PRISHA Piacere di conoscerti Adam. Sono sicuro che ci conosceremo più tardi, ma in questo momento sto morendo di fame. Mangiamo.

CAMERON Stavo giusto dicendo ad Adam qual è l'hamburger migliore.

PRISCIA Oh, capisco. Bene, vado a prendere un hamburger di tofu.

ADAM Hmm, un hamburger di tofu suona bene.

CAMERON Adam, no. Non riceverai un hamburger di tofu durante la tua prima visita all'Annie's Burger Shack. Devi prendere un vero hamburger, o sarai fuori dal gruppo per sempre!

ADAM Wow, gruppo tosto. Ok, allora prendo il tedesco.

CAMERON Bene. Questo è un tedesco per te e un classico per me. Lindsay, cosa prendi?

LINDSAY Oh, non riesco a decidere. Forse prenderò solo una ciotola di patatine.

CAMERON Ok Adam, per ora ordiniamo solo il nostro. Lindsay e Gabriel non hanno ancora deciso e Prisha può ordinare lei stessa il suo hamburger di cartone.

ADAM Non ho contanti. Posso pagare con la mia carta?

CAMERON Tieni i tuoi soldi. È un onore per regalarti il tuo primo hamburger da Annie's.

Il gruppo ha terminato il pranzo e sta per entrare nella chiesa locale.

PRISHA Yum. Adoro l'hamburger di tofu da lì.

ADAM Sembrava gustoso. Forse lo prenderò la prossima volta.

PRISHA Lo consiglio vivamente. Allora, sei già stato in questa chiesa?

ADAM Non ancora. Ci sono passato davanti un paio di volte ma non ero sicuro che fosse aperto al pubblico.

PRISCIA Potrei sbagliarmi, ma penso che sia sempre aperto. Lindsay, conosci gli orari di apertura della chiesa?

LINDSAY Penso che sia aperto durante il normale orario lavorativo. Quindi forse fino alle 17:00. Almeno fino alle 15:00 di sicuro.

PRISCIA Finché è aperto ora, questa è la cosa principale.

ADAM Sì, non vedo l'ora di vedere dentro se è bello come fuori.

GABRIEL Aprirò la porta a tutti voi. Entra. L'età prima della bellezza.

LINDSAY Andiamo. Il tuo compleanno è un giorno dopo il mio.

GABRIEL Sì, ma temo che il detto significhi che dobbiamo ancora entrare secondo l'età e la bellezza, con la più giovane e la più bella alla fine, io!

LINDSAY Mi dispiace, Adam. Scommetto che vorresti non averci mai incontrato.

ADAM Va bene. Mi sto divertendo. E la chiesa è davvero fantastica. È difficile credere alla quantità di lavoro che è stata necessaria per costruire qualcosa del genere e poi tutti i piccoli dettagli sono semplicemente perfetti.

CAMERON Amo particolarmente tutte le vetrate colorate. Non potresti mai immaginare quanto fossero fantastici dall'esterno.

ADAM Avrei dovuto portare la mia macchina fotografica.

CAMERON Usa solo quello sul tuo telefono.

ADAM Ah, intendo la mia macchina fotografica professionale. Avrebbe catturato perfettamente la luce ambientale qui.

GABRIELE Sciocchezze. Ho un'app sul mio telefono che può aggiungere filtri alle foto. Ecco, guarda. Vedi?

ADAM Bello. Ma dubito che starà bene sul computer. Whoa, quegli organi sono sbalorditivi. È incredibile che possano essere installati in un modo unico come quello. Sembra moderno nonostante abbia probabilmente centinaia di anni. Tornerò sicuramente qui con la mia macchina fotografica.

Il gruppo ha lasciato la chiesa e sta passeggiando per la Piazza del Mercato Vecchio.

CAMERON Vedi quella fontana laggiù?

ADAM L' ho notato lo scorso fine settimana ma era sera e dentro non c'era acqua.

GABRIELE Puoi berne. Vai avanti.

PRISCIA Non ascoltarlo, Adam. È un idiota.

CAMERON Ha ragione. Le fontane qui sono state utilizzate per l'acqua potabile in un punto. Era nel nostro libro di testo.

PRISCIA Non vorresti bere da loro al giorno d'oggi. Troppo sporco. Ora sono fondamentalmente solo un'attrazione turistica.

LINDSAY In estate, vedi bambini e cani che ci sguazzano addosso.

PRISCIA Sì, hanno quelle barchette con cui giocano i bambini. Guarda là, quel ragazzo con la giacca blu ne ha uno.

ADAM Oh sì, capisco cosa intendi. Spero che non cada, l'acqua è probabilmente gelata.

CAMERON Tua madre non è di Nottingham, Adam? Non ti ha parlato di questa fontana o non ti ha mostrato delle foto?

ADAM Lei non ha detto nulla al riguardo. E non ho mai chiesto. Ma sono contento di non averlo chiesto perché così posso scoprire tutto da solo. Come questa graziosa fontana.

LINDSAY E c'è una superstizione secondo cui se cadi accidentalmente in questa fontana, allora sposerai un locale.

GABRIELE L'ho sentito anch'io. Che mucchio di sciocchezze! Se conosci la superstizione e sei caduto accidentalmente nella fontana, allora potresti semplicemente evitare le donne di Nottingham.

LINDSAY Penso che dovresti stare molto attento a non cadere nella fontana. Sarebbe un vero peccato per un Nottinghamiano essere bloccato con te!

Chapter 9

Il grande magazzino

Dopo pranzo, Adam va al grande magazzino cercando di comprare un cuscino. Una commessa si avvicina e si offre di aiutare.

COMMERCIATA Buona giornata. Posso aiutarla?

ADAM Buon giorno. Potresti dirmi quanto costa questo cuscino? Non riesco a trovare il cartellino del prezzo.

COMMERCIATA Certo. Quella costa novantacinque sterline e novantanove penny.

ADAM Whoa, quasi cento sterline per un cuscino. Perché costa così tanto?

COMMERCIATA Non è molto. Infatti, è uno dei nostri modelli di fascia media.

ADAM Ok, ma cos'ha di così speciale?

COMMERCIATA È imbottito con piume d'oca europea e l'esterno è realizzato al cento per cento in cotone organico.

ADAM Ma anche questo qui dice che ha piume d'oca ed è biologico ma costa settantanove sterline.

COMMERCIALE La differenza è il thread count. Maggiore è il numero di thread, più costoso sarà.

ADAM Non credo che mi importi. Voglio solo qualcosa di solido.

COMMERCIATA Beh, bisogna considerare la comodità. Dopotutto, ci dormirai sopra per circa otto ore ogni notte.

ADAM Sì, ma cento sterline sono comunque un grosso investimento.

COMMERCIATA Ok, allora qual è il tuo budget?

ADAM Speravo di comprare qualcosa per una ventina di sterline.

COMMERCIATA Il nostro modello più elementare costa ventiquattro sterline e novantanove pence. È realizzato con piume e materiali sintetici.

ADAM Me lo fai vedere?

COMMERCIATA Certo, eccolo.

ADAM Oh, non arriva nemmeno in un sacchetto protettivo. È solo seduto libero sullo scaffale. Immagino che molte persone l'abbiano già toccato.

COMMERCIATA Certo. Ma non consiglierei comunque questo cuscino. Sebbene sia economico, non fornirà il supporto che stai cercando.

ADAM Non credo che sia economico ma sembra fatto a buon mercato. E non è affatto fermo come hai detto.

COMMERCIATA No, non ne vendiamo molti. Lascia che ti mostri un modello migliore che è in vendita al momento.

ADAM Sarebbe fantastico, grazie.

COMMERCIATA Questa qui pesava sessantadue sterline, adesso solo quarantanove sterline e cinquanta penny.

ADAM Ah ok. Non è un gran sconto. Hai qualcosa che è stato ridotto ancora di più?

COMMERCIATA Sì, ce n'è un'altra che conosco. Questo qui è scontato del quaranta percento. Ora solo quarantaquattro sterline.

ADAM Ok, e vedo che ha anche le piume d'oca e il cotone biologico. Non è solo una caratteristica di tutti i tuoi cuscini?

COMMERCIATA Non tutto. Abbiamo cuscini in schiuma che si adattano alla forma della tua testa.

ADAM Hmm, suona bene. Ne ho sentito parlare ma non ne ho mai provato uno. Li consigli?

COMMERCIATA Sì, lo voglio. Personalmente non ne uso uno, ma ho sentito molte recensioni positive da persone che lo fanno.

ADAM E a quanto li vendi?

COMMERCIATA La nostra collezione di cuscini in gommapiuma parte da cinquantanove sterline.

ADAM Sono solo quindici sterline in più del cuscino scontato. Posso vederlo?

COMMERCIATA Questo è qui, ma non posso permetterti di tirarlo fuori dalla borsa. È possibile toccare questo modello di display.

ADAM Oh sì, questo è bello e deciso.

COMMERCIATA E dovrebbe mantenere questo livello di fermezza per tutta la durata del prodotto.

ADAM Bene. Anche se rimarrò solo per il semestre e dubito che lo porterò a casa con me. Ma se pago così tanto per un cuscino, forse dovrei portarmelo a casa.

COMMERCIATA Sì, è una buona idea. Se vuoi, posso portare questo alla cassa per te e puoi pagare dopo aver finito di fare acquisti?

ADAM Un momento. Ho una domanda. Posso provare il cuscino per qualche notte e poi restituirlo se non va bene ?

COMMERCIATA Gli articoli devono essere restituiti nelle loro condizioni originali per il cambio.

ADAM Sì, ma posso avere un rimborso anche se utilizzo il cuscino?

COMMERCIATA Per uno scambio, temo che dovresti restituire il cuscino mentre è ancora nella borsa e non è stato utilizzato.

ADAM Ok, non mi sembra giusto. Inoltre, non riavrei indietro i miei soldi, dovrei cambiare. È giusto?

COMMERCIATA Sì, esatto. Ma poi puoi scegliere l'altro cuscino con le piume. Quindi, dovrei metterlo alla cassa per te?

ADAM Vorrei pensarci ancora un po'.

COMMERCIATA Non dovresti aspettare così a lungo perché la vendita potrebbe finire. È meglio comprarlo ora.

ADAM Veramente, mi guarderò intorno ancora e poi tornerò, ok?

COMMERCIATA Quando torni?

ADAM Non ne sono sicuro, forse più tardi o un altro giorno.

COMMERCIATA Ok, nessun problema. Quando torni, chiedi di Sandra.

ADAM Ok, ma non so quando o se tornerò. Grazie per l'aiuto. Arrivederci.

Chapter 10

Il primo appuntamento

È sabato sera ed Emma è arrivata con 20 minuti di ritardo per il suo appuntamento con Adam.

EMMA Scusa sono in ritardo. C'era molto traffico.

ADAM Non c'è problema. Non stavo aspettando a lungo. Aspettare; non hai preso il tram?

EMMA Ok, mi hai preso. In realtà ho impiegato troppo tempo per prepararmi. Come stai?

ADAM Sto bene grazie. E tu?

EMMA Bene anche tu.

ADAM Ehm, hai in mente un ristorante in cui vorresti mangiare?

EMMA Non proprio. Non sono così affamato.

ADAM Ok. Ho sentito di un posto che fa tutti i diversi tipi di torta, se vuoi provarla ?

EMMA Certo. Qualunque cosa tu voglia per me va bene.

ADAM Ok, andiamo. Penso che sia solo quaggiù. Sei davvero carina stasera.

EMMA Non proprio. Ho appena messo qualcosa addosso.

ADAM Ma questo vestito ti sta proprio bene. Mi piace. E da dove hai preso quella collana ?

EMMA Erano le mie nonne. Me l'ha regalato per il mio diciottesimo compleanno.

ADAM Oh bello. Tua nonna vive ancora a Nottingham?

EMMA Sì, vado sempre a trovarla. È davvero divertente parlare con lei. Oh, stavi pensando a questo posto? Sono stato qui solo una volta prima. Questa volta sarà bello provare un altro piatto dal menu.

ADAM Ottimo. Sono contento che ti sia piaciuto e non mi dispiace tornare. Ecco, lascia che ti apra la porta.

EMMA Che gentiluomo!

Adam ed Emma si sono seduti e stanno guardando il menu.

ADAM Allora, cos'hai preso l'ultima volta?

EMMA Ho ordinato lo speciale della casa. Dentro c'è stufato di manzo e purè di patate.

ADAM Oh, sembra gustoso. Stavo pensando all'hawaiano. Adoro l'ananas.

EMMA Ottima scelta. Penso che mi piacerebbe anche provarne uno che questa volta non venga con il sugo. Forse l' erba italiana con pomodori e formaggio cheddar.

ADAM Oh sì, ho pensato anche a quello. Perché non prendiamo l'erba hawaiana e quella italiana e poi le condividiamo? Tu prendi metà della mia e io prenderò metà della tua.

EMMA Ok, è un affare. E spero che tu possa aiutarmi a prendere alcune delle mie patatine. Non credo di poter mangiare così tanto.

ADAM Certo che posso aiutarti. Quindi, danno grandi porzioni qui?

EMMA Non particolarmente grande ma troppo grande per me. Normalmente non mangio così tanto. Sto cercando di perdere peso.

ADAM Non devi preoccuparti. Hai un corpo fantastico. Ehm, voglio dire che non sei affatto grasso.

EMMA Ahah, grazie. Lo dici solo per essere gentile.

ADAM No, davvero. I tuoi vestiti ti stanno perfettamente. Il tuo vestito stasera è molto carino.

EMMA Sì, l'hai già detto.

ADAM Beh, è vero.

EMMA Comunque basta parlare di me, chiamiamo la cameriera.

ADAM Ahah, ok. Eccola che arriva ora.

EMMA A proposito, sei carina anche stasera.

ADAM Grazie.

Dopo il pasto, Adam ed Emma sono fuori dal ristorante a parlare.

ADAM È una bella notte. Ti accompagno a casa.

EMMA Sei sicuro? È nella direzione opposta rispetto a casa tua. Posso solo prendere il tram.

ADAM Non c'è problema. Comunque, voglio assicurarmi che torni a casa sano e salvo.

EMMA Oh, quindi pensi di potermi proteggere?

ADAM Certo che posso. Vado in palestra sai. Beh, ho intenzione di andare almeno in palestra.

EMMA Oh, allora forse sono io che devo proteggerti.

ADAM Ok, prima puoi accompagnarmi a casa allora. Solo scherzando. È così?

EMMA Sì, giù per questa strada e poi è una strada dritta fino al mio appartamento. È piuttosto buio però, hai bisogno che ti tenga la mano finché non arriviamo?

ADAM Ahah, forse.

EMMA Oh, non preoccuparti. È una bella zona. Non succederà nulla.

ADAM Teniamoci comunque per mano. Anche solo per equilibrio.

EMMA Whoa, che romantico. Non riesci a stare in equilibrio da solo?

ADAM Te l'ho detto, ho solo intenzione di andare in palestra. Non ho ancora iniziato. Guarda, guarda cosa succede quando non mi stringi la mano.

EMMA Oh sì, capisco. Fai attenzione ai tuoi passi, non vuoi entrare accidentalmente nella fontana.

ADAM Quale fontana? Woah!

EMMA Attento!

Bonus

Adam invia un'e-mail a suo padre raccontandogli cosa ha fatto nell'ultima settimana.

A: m.jackson@internet.com
Oggetto: La mia prima settimana a Nottingham

Hi papà,

Dato che sono in Inghilterra, ti scriverò in inglese. sono arrivato! È stata una settimana fantastica. Vado molto d'accordo con il mio nuovo coinquilino, Howard. È di Edimburgo. Siamo andati a cena la prima sera e ho mangiato lo Yorkshire pudding. È stato delizioso. Ti sarebbe piaciuto moltissimo. E ho bevuto la mia prima birra inglese. La birra inglese è fantastica. Penso che sapessi già che te l'avrei detto!

I miei compagni di classe sono davvero fantastici. Abbiamo girato insieme per Nottingham e ho avuto modo di conoscerli davvero. Ho intenzione di andare in palestra con uno di loro e lui dice che mi aiuterà a ingrassare. Ho anche conosciuto una ragazza inglese. Il suo nome è Emma. Siamo usciti insieme ieri sera e spero di rivederla il prossimo fine settimana. Mi ha parlato così tanto di Nottingham. Non vedo l'ora di scoprire di più su questa città con lei. Volevo fare una foto con lei a cena, ma mi stavo divertendo così tanto che me ne sono dimenticato.

Ho sentito che le persone in Inghilterra a volte sono maleducate, ma tutti sono stati davvero amichevoli. Non so da dove prendano questa reputazione. Anche se sono andato a comprare un cuscino nei grandi magazzini e la commessa è stata molto invadente. Ma penso che questo sia normale per i venditori ovunque, non solo in Inghilterra. Ad ogni modo, Howard e io andremo all'IKEA la prossima settimana e comprerò un cuscino da lì. La prossima settimana andrò anche con la mamma a vedere i miei padrini, quindi dovrebbe essere divertente.

Che cosa hai fatto? Sei solo lì senza me e la mamma o ti piace avere tutta la casa tutta per te?

Amore,
Adam

Chapter 11

Il primo giorno del semestre

Adam è a una conferenza per conoscere la storia di Nottingham.

PROF. MACBRIDE Nottingham fu fondata nel settimo secolo ed era conosciuta come la città delle grotte.

ADAM Psst Cameron, cosa significa grotte ?

CAMERON Intende dire che Nottingham ha molte abitazioni sotterranee.

ADAM Ah, quindi qui la gente scavava le case sottoterra?

CAMERON Esattamente.

PROF. MACBRIDE La Nottingham University è stata la prima università civica di Nottingham; aprì nel centro della città nel 1881. Ma fu solo tre anni dopo la seconda guerra mondiale che l'università divenne davvero famosa. Qualcuno può dirmi perché questo è notevole? Sì, tu in prima fila. Per favore, quale è il tuo nome?

HANNAH Mi chiamo Hannah Schofield.

PROF. MACBRIDE E può dirmi signorina Schofield perché il 1948 è stato un anno speciale per la nostra università?

HANNAH È quando l'università può finalmente rilasciare lauree?

PROF. MACBRIDE Esatto. L'università è cresciuta rapidamente dopo aver attraversato alcuni periodi sfortunati negli anni precedenti, come sicuramente tutti saprete.

TIMOTHY Professor MacBride, è successo qualcosa all'università durante la seconda guerra mondiale ?

PROF. MACBRIDE E il tuo nome è?

TIMOTHY È Timothy Jensen.

PROF. MACBRIDE Bene, signor Jensen. La città di Nottingham è stata effettivamente bombardata molte volte. Ma ci furono due giorni di attacchi molto gravi l'8 e il 9 maggio 1941. Qualcuno vorrebbe parlare al pubblico di questi attacchi? Sì, tu dietro. Per favore, dì il tuo nome e poi dicci quello che sai.

ADAM Mi chiamo Adam Jackson. Non so nulla dei danni alla città durante questo attacco, ma ho sentito che gli inglesi hanno creato alcuni diversivi che hanno salvato molte persone.

PROF. MACBRIDE Grazie signor Jackson. Ed è un accento cinese quello che rilevo?

ADAM Sì, vengo da Taipei.

PROF. MACBRIDE Bene, signor Jackson, lei ha ragione. Furono accesi fuochi nei campi nel nord della città per deviare l'esercito tedesco lontano dalle zone residenziali. Sì, la persona seduta accanto al signor Jackson. Hai qualcosa da aggiungere ?

CAMERON Sì, professore. Ho sentito che due mucche e diverse galline hanno perso la vita. Oh, scusa, mi chiamo Cameron, Cameron Delacroix.

PROF. MACBRIDE Davvero una triste perdita. Grazie per quella curiosità, signor Delacroix. Come spesso accade in guerra, la creazione di diversivi può ridurre significativamente le vittime. Intendo naturalmente vittime umane. Studieremo di più su questo fenomeno in questo semestre. Qualcuno sa a cosa sta oggi la popolazione di Nottingham?

HANNAH Sono circa 100.000?

TIMOTHY Direi che è più simile a 150.000.

PROF. MACBRIDE Non proprio. Qualcun altro vorrebbe indovinare? Sì, tu con la maglia rosa.

PING Mi chiamo Ping Dong. È mezzo milione?

PROF. MACBRIDE Grazie signor Dong. Inoltre non è corretto. Ok, ragazzi, per favore alzate la mano se pensate che sia più di 300.000. E ora meno di 300.000. Ok, bene, le persone che hanno detto meno di hanno ragione.

TIMOTHY Signor MacBride, ho appena cercato online e dice che ci sono circa 290.000 persone.

PROF. MACBRIDE Ah, tecnologia. Esatto, signor Bensen.

TIMOTHY Sono Jensen, signor MacBride.

PROF. MACBRIDE No, ti ho cercato online e dice Bensen. Pertanto, Internet ha ragione, non tu. Sto scherzando, ovviamente. Voglio solo sottolineare che non dovresti fidarti al 100% di tutto ciò che leggi su Internet. È importante che tu studi i veri libri di storia in biblioteca per superare questo corso.

Più tardi, Adam e Cameron stanno discutendo della conferenza del professor MacBride.

ADAM È stata una conferenza interessante. Penso di essere ora ancora più orgoglioso di studiare qui in questa università.

CAMERON Anch'io. E cosa ne pensi del professor MacBride?

ADAM Mi piace. Ha un buon senso dell'umorismo.

CAMERON Hai capito tutto quello che ha detto?

ADAM C'erano alcune parole che non capivo, ma non molte.

CAMERON Puoi sempre chiedere a me oa uno dei ragazzi se non conosci nessuna delle parole. Il professore ha un ampio vocabolario e gli piace usare paroloni.

ADAM Sì, lo fa. In realtà mi aspettavo di capire meno, quindi sono rimasto sorpreso da quanto ho capito.

CAMERON Almeno parla chiaramente. E sei stato in grado di capire il suo umorismo. Quindi è impressionante.

ADAM Le battute sono importanti nel linguaggio. Non vorrei essere l'unico a non ridere.

CAMERON Bene, speriamo che tutti i nostri corsi siano interessanti come questo. Cosa hai adesso?

ADAM Sono libero per un'ora, poi ho una conferenza sulla società inglese prima della prima guerra mondiale. E tu?

CAMERON Adesso vado in biblioteca a vedere se hanno quel libro che mi ha consigliato il professore. Spero che qualcuno non l'abbia ancora preso.

ADAM Sono sicuro che hanno molte copie di tutti i libri consigliati. Ma forse dovrei venire con te ora, altrimenti sarò l'unico a non capirlo.

CAMERON E se nessuno di noi ne riceve una copia allora cercheremo tutto online, giusto!?

ADAM Ahah, sì. Il professor MacBride sarà sicuramente orgoglioso di noi se lo faremo!

Chapter 12

La cena in famiglia

Adam e alcuni membri della sua famiglia stanno cenando insieme a casa del nonno di Adam.

SIGNORA. JACKSON Per l'amor del cielo, Marie, guarda quanto cibo hai preparato. Siamo solo in cinque. Come lo mangeremo tutto?

ZIA MARIA Oh, in realtà non è niente. Ad ogni modo, Adam sembra troppo magro. Ha bisogno di mangiare cibi fatti in casa più nutrienti.

SIGNORA. JACKSON È vero. Dio solo sa cosa mangia quando è all'università con i suoi amici.

ADAM Mangio sempre sano. Ma questa sembra fantastica, zia Marie.

SIGNORA. JACKSON Sembra più buono del cibo che preparo per te?

ADAM Certo che no mamma, il tuo è il migliore.

SIGNORA. JACKSON Devi dirlo ma grazie comunque.

ZIO ROBERT Non essere gentile. Inizia a mangiare.

ZIA MARIA Aspetta un momento. Prima di mangiare, facciamoci una foto di famiglia insieme attorno al tavolo. Chissà quando tu e Adam tornerete a trovarci di nuovo.

SIGNORA. JACKSON Adam, siedi vicino al nonno davanti.

NONNO HAMILTON Gli uomini belli davanti, vero Adam?

ADAM Esattamente nonno.

ZIO ROBERT Allora dovrei sedermi anch'io davanti.

ZIA MARIA Sogna Robert! Tu stai dietro con tua sorella e me. Ok, la fotocamera è pronta.

SIGNORA. JACKSON Non hai premuto il timer. Come farai la foto?

ZIA MARIA Il mio telefono è connesso a questo telecomando tramite Bluetooth. Devo solo premere questo pulsante sul telecomando e il mio telefono scatta la foto.

SIGNORA. JACKSON Oh, che intelligenza!

ZIA MARIA Tutti sorridono. Ne prenderò alcuni e poi eliminerò quelli cattivi in seguito. Nonno, te ne stamperò una buona e la metterò in una cornice, ok?

NONNO HAMILTON Fantastico. Non ho nessuna foto di me e mio nipote insieme.

ZIO ROBERT Il cibo si sta raffreddando, mangiamo. Ecco Adam, prendi una salsiccia.

ADAM Grazie zio Robert. Puoi passare le patate?

ZIO ROBERT Certo. Allora, hai già incontrato qualche ragazza inglese?

ZIA MARIA Non importa. Cosa ne pensi di Nottingham? È bellissimo, vero?

ADAM Molto bello. Più di quanto mi aspettassi.

ZIA MARIA Mi assicurerò che i tuoi cugini ti contattino e ti mostrino in giro.

NONNO HAMILTON Cosa ne pensi della salsiccia? È saporito? È meglio della salsiccia taiwanese?

ADAM Decisamente molto meglio che a Taiwan. Lo stile taiwanese non può essere paragonato.

ZIO ROBERTO Felice di sentirlo. Scava dentro. Prendi quanti ne vuoi.

SIGNORA. JACKSON E questo sugo? L'hai fatto tu o è da un pacchetto?

ZIA MARIA L'ha fatto il nonno. È una ricetta segreta di famiglia.

SIGNORA. JACKSON Perché non mi hai insegnato la ricetta, papà?

NONNO HAMILTON Voglio che la ricetta rimanga in Inghilterra. Se ti trasferisci qui definitivamente, Adam, te lo insegnerò io. È un affare?

ADAM Haha, nonno molto allettante.

ZIO ROBERTO Ora hai un altro motivo per trovarti una ragazza a Nottingham.

SIGNORA. JACKSON È troppo presto per pensare alle fidanzate. Concentrati sul completamento dei tuoi studi, quindi puoi iniziare a frequentarti.

ZIA MARIA Esattamente. Ho detto la stessa cosa a Lisa. Non credo che lei mi ascolti però. Esce sempre con le sue amiche, quindi sono sicuro che esce con lei.

ZIO ROBERTO Sempre che non porti a casa nessun ragazzo.

ZIA MARIA Prende buoni voti, quindi non ci importa che passi il tempo con i suoi amici. Mangia Adam. Ce n'è per tutti. Prendi quanto vuoi.

ADAM Grazie zia Maria. In realtà mi sto riempiendo.

ZIA MARIA Ricorda di lasciare spazio per il crumble di mele e la crema pasticcera.

NONNO HAMILTON C'è sempre spazio per il crumble di mele e la crema pasticcera.

ZIO ROBERTO Tuo nonno dice sempre che ha uno stomaco in più soprattutto per il dolce. Ti piace il cibo dolce?

ADAM Lo adoro. I dessert qui sono incredibili. Molto più dolce dei dessert taiwanesi.

ZIA MARIA Sono contento che tu l'abbia detto perché il crumble è particolarmente dolce.

ADAM Grande. Ho sempre voluto provare un autentico crumble di mele dall'Inghilterra.

SIGNORA. JACKSON Nessuno per me. Non ho fatto altro che mangiare da quando sono arrivato qui la scorsa settimana. Devo mettermi a dieta, altrimenti sarò troppo grasso per salire sull'aereo.

ZIO ROBER T Forse solo un piccolo pezzo anche per te Adam. Alle ragazze non piacciono i ragazzi con la pancia grassa. Preferiscono un ragazzo con una confezione da sei.

NONNO HAMILTON Fai solo quello che ho fatto. Trova una bella donna mentre sei in forma e magro. Quindi dopo esserti sposato puoi mangiare tutta la torta che vuoi.

SIGNORA. JACKSON Papà, non essere così rozzo.

NONNO HAMILTON Non ero solo io. Anche tua madre è ingrassata!

Chapter 13

La palestra

Adam chiama Emma per dirle che si è divertito al loro appuntamento e se le piacerebbe rivederlo nel fine settimana.

ADAM Ciao Emma, questo è Adam.

EMMA Ciao Adam, è bello sentirti!

ADAM Volevo solo chiamarti e dirti quanto mi sono divertito a cena con te.

EMMA Mi sono divertita anch'io. Grazie per avermi portato in quel ristorante.

ADAM E mi chiedevo se ti andrebbe di fare una passeggiata per Nottingham con me sabato ? Se sei libero, ovviamente.

EMMA Mi piacerebbe unirmi a te e mostrarti la mia città. Potremmo magari portare il pranzo e fare un picnic nel parco?

ADAM Sì, è un ottimo suggerimento. Facciamolo.

EMMA Ok, benissimo. A che ora vuoi incontrare?

ADAM Stavo pensando forse verso le 10.

EMMA Qualunque sia il momento migliore per te. Sono libero tutto il giorno.

ADAM Allora abbiamo tutta la mattina e il pomeriggio insieme.

EMMA Ten sarebbe perfetto. Alla Piazza del Mercato Vecchio?

ADAM Ah, sì. Incontriamoci lì.

EMMA C'è qualcosa che non ti piace mangiare? Stavo pensando che possiamo portare solo panini e torte.

ADAM Suona bene. Mi piace tutto il cibo e amo la torta. Posso portare le bevande. Che ne dici di un po' d'acqua per la passeggiata e una cioccolata calda per pranzo?

EMMA Oh, la cioccolata calda è perfetta per un picnic al parco. Buona idea.

ADAM Oh, il mio amico è appena arrivato. Adesso andiamo in palestra insieme. Ma ci vediamo sabato alle dieci, ok?

EMMA Ok. Ci vediamo sabato. Vai a costruire dei muscoli, ne hai bisogno. Ciao.

ADAM Ahah, grazie. Ciao.

CAMERON Ehi, come va?

ADAM Sì, bene. E tu?

CAMERON Non male. Sei pronto per un duro allenamento oggi?

ADAM Sono nato pronto.

Adam e Cameron sono in palestra ad allenarsi e parlano dell'appuntamento di Adam con Emma.

ADAM Dai, puoi farne altri due.

CAMERON No, le mie braccia si stavano stancando troppo. Devo abbassare il peso per il mio prossimo set.

ADAM Questo è il mio ultimo set su questa macchina e poi passerò a lavorare sulle mie spalle. Sembro troppo magro.

CAMERON Penso che tu abbia un bell'aspetto. Forse qualche chilo in più, tutto qui. Hai bisogno di aiuto su questo set?

ADAM Sì, proverò a fare 12 ripetizioni, quindi probabilmente dovrai aiutarmi con le ultime.

CAMERON Ok, nessun problema. Stai ancora usando 65 chili per questo set?

ADAM No, penso che scenderò a 55 perché voglio completare lentamente questa serie di pulldown. Ho sentito che questo è il modo migliore per costruire muscoli. Ok, ho bisogno di aiuto con questo.

CAMERON Nessun problema. Vedrò quanti ne puoi fare e poi ti aiuterò quando vedrò che stai lottando.

ADAM Ok, grazie.

Phew, è stata dura. I miei avambracci sono morti. Ti aiuterò in questo se vuoi.

CAMERON No, penso di poterlo fare perché abbasserò il peso a 40 chili. Puoi andare oltre e iniziare con la pressa per le spalle.

ADAM Aspetterò solo che tu abbia finito, poi andremo insieme. Guarda quel tizio laggiù. È enorme.

CAMERON Sì, l'ho visto lo scorso semestre fare flessioni in verticale come se niente fosse. È stato impressionante.

ADAM Non credo che vorrei essere così grande.

CAMERON Non preoccuparti, ci vorrebbero molti anni e molte droghe.

ADAM Non ne vale la pena. A proposito di integratori, bevi proteine in polvere?

CAMERONI comprava su internet proteine davvero a buon mercato, ma ho visto un documentario a riguardo. Dopo aver visto, mi sono reso conto che quello che ho comprato era probabilmente inutile e non salutare.

ADAM Allora non prendi niente dopo la palestra?

CAMERON A dire il vero, mi preparo il mio frullato proteico. Ha frutti e semi e burro di arachidi. È davvero salutare, ha più proteine rispetto alle polveri e ha un sapore fantastico. Te ne farò uno in più la prossima volta.

ADAM Fantastico, grazie. Ho portato con me solo un'insalata di tonno.

CAMERON Bene. Penso che le proteine naturali del cibo siano il modo migliore per ottenere le tue proteine.

ADAM Sono d'accordo. Ok, finiamo con questa macchina. Non dimenticare che il telefono è sul pavimento.

CAMERON Ehi, questo mi ricorda. Prima ti ho sentito al telefono dire qualcosa su sabato. Stavi parlando con una ragazza? Hai un appuntamento?

ADAM Sì, siamo stati a cena lo scorso fine settimana. Ci rivediamo questo fine settimana.

CAMERON Ah ah, quindi è per questo che vuoi ingrossarti. Vuoi impressionarla.

ADAM Ahah, no. Il mio fascino e il mio bell'aspetto sono sufficienti. Ad essere onesti, ci siamo davvero trovati d'accordo e penso che questa potrebbe diventare una relazione seria.

CAMERON Ma tu vivi a Taipei e dicono che le relazioni a distanza non funzionano mai.

ADAM Ho sentito anche questo. Ma mi ha detto che le piacerebbe vivere in Asia, quindi chissà cosa porterà il futuro.

Chapter 14

La telenovela

Adam entra in soggiorno e nota Howard che guarda la TV.

ADAM Cos'è questo che stai guardando?

HOWARD Non ridere. Questa è una soap opera inglese che guardo ogni mattina.

ADAM Perché dovrei ridere, nonna Howard? Allora, di cosa parla lo spettacolo?

HOWARD Haha, beh questa coppia qui è fidanzata ma la donna è innamorata di suo fratello. Ha già baciato il fratello, ma il suo fidanzato non lo sa.

ADAM Un triangolo amoroso. Che originalità!

HOWARD Esattamente. Lo spettacolo è ambientato in un hotel a cinque stelle. Questo ragazzo qui è il manager ma ha avuto un incidente e ora non ricorda sua moglie o i suoi figli.

ADAM Finora c'è una relazione e una perdita di memoria. Immagino che una donna nello show sia incinta, ma non sa chi sia il padre.

HOWARD No, ti sbagli. Ha già partorito e abbiamo scoperto chi era il padre la scorsa settimana dopo aver fatto un test del DNA. Il suo fidanzato non è il padre.

ADAM Quindi avevo ragione sulla trama, solo tempismo sbagliato. Sono sicuro che qualcun altro rimarrà incinta presto.

HOWARD E qualcuno morirà più o meno nello stesso periodo. Una morte avviene sempre poco prima di una nuova nascita.

ADAM Cosa ti ha spinto a guardare questo programma?

HOWARD Mia madre lo guarda tutti i giorni, quindi lo guardavo sempre con lei mentre facevo colazione.

ADAM E quando sei uscito di casa?

HOWARD Cinque anni fa.

ADAM Quindi l'hai guardato volontariamente negli ultimi cinque anni?

HOWARD In realtà, c'è un'altra telenovela che viene trasmessa prima di questa ogni mattina. Li guardo entrambi.

ADAM Entrambi ambientati in un hotel?

HOWARD No. L'altro è ambientato in una città vicino a Manchester. Ha anche un hotel ma l'intera città è presente nello spettacolo.

ADAM Quindi puoi visitare il set e tutti i luoghi che vedi nello show?

HOWARD Non mi piace molto lo spettacolo. Sembra comunque un bel posto da visitare.

ADAM Non vorresti incontrare le star dello spettacolo?

HOWARD Non sono uno stalker. Basta guardarli in TV.

ADAM Non è noioso vedere le stesse trame ripetute più e più volte?

HOWARD Assolutamente no. È quello che vuole il pubblico.

ADAM È vero. Devono essere trame che le persone si aspettano, o non guarderanno più.

HOWARD In questo spettacolo, mi piace che i personaggi siano credibili ma drammatici.

ADAM Intendi dire che sono persone normali e comuni?

HOWARD Esattamente. E nuovi personaggi si uniscono allo spettacolo tutto il tempo e ci sono sempre attrici attraenti, specialmente questa sullo schermo adesso.

ADAM E qual è la sua storia? È la gemella perduta da tempo di qualcuno?

HOWARD Buona supposizione, ma no. È appena arrivata in città e vuole lavorare in albergo come cameriera. Penso che sarà amore a prima vista con il barista dell'hotel.

ADAM Sì, e poi si innamorerà della sua migliore amica e allora quello sarà il prossimo triangolo amoroso.

HOWARD Hmm, forse dovresti essere uno scrittore per lo spettacolo.

ADAM Troppo noioso.

HOWARD Se è così noioso, allora perché sei seduto qui con me a guardarlo?

ADAM Sto solo cercando di migliorare il mio inglese. A proposito, cosa ha fatto il ragazzo quando ha scoperto che il bambino non era suo? Ha litigato con l'altro ragazzo?

HOWARD Oh ora vuoi saperne di più! Non l'ha ancora detto a nessuno. Inoltre, il suo ragazzo è in prigione per aver ucciso l'uomo con cui andava a letto, ma non è stato lui.

ADAM Cosa?!

HOWARD Aspetta. Migliora. In realtà è stata sua madre a farlo per lui.

ADAM Credo sia meglio che lo guardi con te. Solo per la pratica inglese.

HOWARD Ok, ti credo, ma migliaia non lo farebbero.

ADAM A che ora va in onda tutti i giorni?

HOWARD Il primo inizia alle sei e mezza e dura quarantacinque minuti e poi questo inizia subito dopo per altri quarantacinque minuti. Di solito preparo la colazione prima che inizino e poi li guardo mentre mangio.

ADAM È un buon inizio di giornata. Ma non sono sicuro di riuscire ad alzarmi così presto.

HOWARD Ora hai una buona ragione per alzarti presto la mattina.

ADAM Allora dovrò dormire prima. Ma questo è impossibile a meno che non prenda un nuovo cuscino. Ho bisogno di qualcosa di solido.

HOWARD Oh, sono libero stasera se vuoi ancora venire all'IKEA con me?

ADAM Assolutamente. Sono entusiasta di vedere com'è e spero di acquistare un buon cuscino nel mio budget.

HOWARD Sono sicuro che lo farai. Stanotte dormirai bene. E poi ci vediamo domani presto per guardare con me le tue nuove soap opera preferite.

ADAM Non diciamo a nessun altro che guardiamo le soap opera insieme.

HOWARD Sono d'accordo. Non vogliamo che la gente ci chiami "le due nonne".

Chapter 15

Il negozio IKEA

Adam e Howard sono arrivati all'IKEA e stanno facendo un giro per il negozio.

ADAM Questo posto è fantastico. Non posso credere di non aver mai fatto acquisti all'IKEA prima d'ora. A cosa servono queste frecce sul pavimento?

HOWARD Ti guidano in giro per il negozio per assicurarsi che tu veda tutto. Non sei obbligato a seguirli, ma lo faremo dato che non sei mai stato qui prima. Possiamo camminare velocemente perché le cose che vogliamo comprare sono in realtà al piano di sotto.

ADAM C'è un altro piano di sotto! Freddo!

HOWARD Il ristorante è a questo livello, quindi quando finiremo questo livello saremo pronti per mangiare.

ADAM Questo display dice che sono quaranta metri quadrati. Sai cosa significa nei piedi?

HOWARD Direi poco più di 400 piedi quadrati.

ADAM Wow, è minuscolo. Come sono riusciti a inserire tutti questi mobili in questo piccolo appartamento e farlo sembrare bello? Mi piacerebbe vivere in un appartamento come questo.

HOWARD Non è niente di speciale. Ha solo l'essenziale e niente di più. Ad esempio, un letto e un armadio, un divano e una TV e una cucina attrezzata.

ADAM È perfetto per uno studente, se preferisce vivere da solo.

HOWARD Penso che sia più adatto a una vecchia coppia di pensionati. Tutto è a portata di mano. Se era uno studente, non potevano invitare nessuno. Non c'è spazio per più di due ospiti.

ADAM Buona osservazione. Ma non credo che agli anziani piacerebbe questo stile moderno. Ehi, sembra il tavolo del nostro salotto.

HOWARD Quello è il tavolo del nostro salotto. Ho aiutato a costruirlo quando il proprietario l'ha comprato un paio di anni fa.

ADAM Oh sì, devi costruire tu stesso alcune delle cose da qui.

HOWARD Devi costruire ogni mobile che compri da qui, anche un divano.

ADAM Un divano?! Come diavolo fanno le persone normali a costruire un divano?

HOWARD Probabilmente non è così difficile come pensi. Forniscono istruzioni chiare e sono sicuro che un divano non ha così tante parti separate.

ADAM Suppongo che sia più facile portarlo a casa tua se è in pezzi più piccoli.

HOWARD Ah, hai le polpette svedesi. Bella scelta.

ADAM Non ho resistito. Avevano un odore troppo buono. Cosa hai preso?

HOWARD Hanno un'offerta speciale per il salmone, quindi l'ho presa.

ADAM Ho visto l'annuncio ma non l'ho visto al bancone. Non ho mai provato polpette così.

HOWARD Non li vendono a Taipei?

ADAM Solo le polpette all'italiana.

HOWARD Lo sai che qui vendono polpette surgelate? Puoi comprarne un po' quando partiamo e cucinarli a casa qualche volta.

ADAM Sul serio? Li comprerò sicuramente. Posso cucinarli con la pasta.

HOWARD È quello che ho fatto, ma mi sono stufato di mangiare quel piatto così spesso. Mi sto prendendo una pausa dalle polpette per un po'. Sei stato tentato dalla torta?

ADAM Ci ho pensato, ma non dovrei mangiare cibi zuccherati così tardi. Perché non ne hai preso uno?

HOWARD Per lo stesso motivo delle polpette. Mangio la torta ogni volta che vengo qui, e ne ho sempre mangiate almeno due ogni volta. Stavo ingrassando troppo.

ADAM Potrei averne uno la prossima volta. Qual è la tua torta preferita?

HOWARD Mi piace di più la torta di carote, ma spesso prendo anche una macedonia perché costa poco.

ADAM Che frutta hanno?

HOWARD Tutti i tipi, ma cerco di riempire la ciotola con quanta più ananas possibile.

ADAM Caesar salad e una macedonia di frutta. Comincio a pensare che tu abbia davvero mangiato troppe polpette e torte.

HOWARD Te l'ho detto. Devo mangiare più sano per un po'. Ma non preoccuparti, una volta che mi stancherò di insalate, mangerò di nuovo un sacco di polpette e torte.

Adam e Howard hanno finito di mangiare e sono al piano di sotto a guardare cuscini e lampade.

ADAM Credo che prenderò questo. Soddisfa le mie esigenze: solido ed economico.

HOWARD Non vuoi un cuscino di gommapiuma? Ho sentito che sono i migliori.

ADAM Quella commessa invadente mi ha già detto tutto quello che c'era da sapere sui cuscini. Ho deciso che il prezzo è la cosa più importante per me.

HOWARD Quale commessa?

ADAM Sono andato al grande magazzino in centro città e lei ha continuato a cercare di vendermi un cuscino costoso anche dopo che le avevo detto il mio budget.

HOWARD Probabilmente perché erano di prima qualità. Ricorda che devi comprare una federa.

ADAM Oh sì. L'ho dimenticato. Puoi andare alle lampade e io ti raggiungo. Cercherò una federa economica.

HOWARD Ok, certo. Ho già visto quello che voglio online, quindi sarò veloce. Se non mi vedi alle lampade, sarò al reparto piante.

ADAM Ti compri delle piante per la tua stanza o per l'appartamento?

HOWARD Per la mia stanza. Ne ho comprati alcuni davvero carini qualche mese fa ma sembrano già morti.

ADAM Nemmeno io so tenere in vita le piante. Potrei comprare anche un paio di piante per la mia stanza. Forse avrò più fortuna a tenerli in vita in Inghilterra.

HOWARD Pensavo bastasse annaffiarli e loro si prendessero cura di se stessi.

ADAM E alcuni hanno bisogno della luce del sole. Ma la giusta quantità. Troppo o troppo poco e moriranno.

HOWARD Forse non hai parlato abbastanza con loro.

ADAM Parli con le tue piante? I miei genitori penserebbero che sono pazzo se mi sentissero parlare con le piante.

HOWARD Invece canta per loro. Allora i tuoi genitori penseranno che stai solo cantando.

Chapter 16

La spesa

Adam e sua madre sono arrivati al supermercato locale per fare la spesa.

SIGNORA. JACKSON Cosa stai comprando?

ADAM Voglio comprare l'avena per colazione, ma non so cos'altro mi serve.

SIGNORA. JACKSON Semplice avena? Non avrà un sapore molto gradevole. E il miele o la frutta secca?

ADAM Sì, è quello che intendevo. Avena e tutte le altre cose che aggiungerò.

SIGNORA. JACKSON Avresti dovuto fare una lista. È facile dimenticare di comprare le cose che volevi comprare e poi compri cose che non ti servono.

ADAM Di solito cerco solo prodotti freschi che sono in offerta in quel momento.

SIGNORA. JACKSON Non hai bisogno di pane e latte e carne e pasta
e riso? E forse anche articoli da toeletta o prodotti per la pulizia?

ADAM Sì, ho intenzione di fare un giro per tutto il negozio e
prendere quello che mi serve quando lo vedo.

SIGNORA. JACKSON Ma se pianifichi i tuoi pasti in anticipo, allora
sai cosa comprare e non spenderai troppo. Inoltre, non passerai il
tempo a casa a pensare a cosa fare con gli ingredienti che hai
comprato.

ADAM È così che faccio acquisti a casa e non è mai stato un
problema. Finché ho l'avena a casa per colazione, allora posso
pensare agli altri pasti più tardi.

SIGNORA. JACKSON Ok, allora.

ADAM Prendo un cestino della spesa.

SIGNORA. JACKSON Meglio prendere un carrello della spesa, così
puoi appenderci la tua borsa invece di portarla con te e la tua spesa.
Ecco cinquanta pence per il carrello della spesa.

ADAM Grazie. Torno in un secondo.

Ecco i tuoi cinquanta pence indietro. Ci vuole solo una moneta da
una sterlina.

SIGNORA. JACKSON Tienilo e basta. Sto cercando di sbarazzarmi
delle mie monetine prima di tornare a casa. Fammi mettere la
giacca nel carrello. Ok, allora che verdure vuoi?

ADAM Prenderò sicuramente carote e pomodori. Al momento sono
in offerta. Anche le cipolle.

SIGNORA. JACKSON E la patata dolce?

ADAM Vorrei comprarlo, ma è un po' caro. Le patate normali però costano poco. Devo comprarli in un sacco da 3 kg? Non credo di poterli finire tutti mentre sono ancora freschi.

SIGNORA. JACKSON Queste patate costano solo 1,99 sterline al chilo. Quanti ne vuoi?

ADAM Uhm, strano. Il prezzo al chilo è ancora più costoso del sacco da 3 kg. Comprerò solo la borsa grande.

SIGNORA. JACKSON Puoi sempre condividerli con Howard.

ADAM Penso che le verdure siano sufficienti per un paio di giorni. Quelle banane sembrano buone. Penso che ne prenderò un po' per uno spuntino all'università.

SIGNORA. JACKSON Guarda le mele. Ne paghi uno, ne prendi uno gratis.

ADAM Ma poi dovrò mangiare 2 kg di mele. A meno che non li condivida anche con Howard.

SIGNORA. JACKSON Forse voi due dovreste fare acquisti insieme in futuro.

Adam e sua madre sono alla cassa a pagare la spesa.

NEGOZIO ASSISTENTE Hai dimenticato di pesare queste banane e di mettere un adesivo sul sacchetto.

ADAM Oh, scusa. Non sapevo di doverlo fare.

NEGOZIO ASSISTENTE Li vuoi ancora?

ADAM Sì, devo tornare subito a pesarli?

NEGOZIO ASSISTENTE No, no. Per favore, usa la bilancia proprio lì vicino alla cassa 3 e torna indietro.

ADAM Ok, ritorno tra un minuto.

OK. Ecco qui. Non sapevo dovessi farlo da solo qui. Perché non me l'hai detto?

SIGNORA. JACKSON Nemmeno io lo sapevo. Non mi è mai stato chiesto di pesare personalmente frutta e verdura. Di solito lo fanno alla cassa.

NEGOZIO ASSISTENTE Non tutti i supermercati lo fanno alla cassa. Alcuni devi farlo da solo. Ma non è un problema se dimentichi. C'è sempre una bilancia nelle vicinanze.

ADAM Buono a sapersi.

NEGOZIO ASSISTENTE Hai una carta fedeltà?

ADAM No, che cos'è?

NEGOZIO ASSISTENTE E' una carta fedeltà del cliente. Puoi usarlo in molti negozi locali per raccogliere punti. I punti possono quindi essere scambiati con credito negozio per risparmiare sui tuoi acquisti.

ADAM Non credo che starò qui abbastanza a lungo per raccogliere abbastanza punti.

NEGOZIO ASSISTENTE Il tuo totale è £ 23,45. Come volete pagare?

ADAM Con carta per favore.

NEGOZIO ASSISTENTE Vuoi un rimborso in contanti?

ADAM Hmm, forse dovrei. Posso avere 40 sterline per favore?

NEGOZIO ASSISTENTE OK. Basta inserire la tua carta nella parte inferiore e inserire il tuo pin.

ADAM Spero che funzioni.

NEGOZIO ASSISTENTE Tira fuori la tua carta. Vuoi lo scontrino?

ADAM No grazie.

SIGNORA. JACKSON Dovresti sempre prendere la ricevuta.

ADAM Ok allora, sì per favore dammi la ricevuta.

NEGOZIO ASSISTENTE Ed ecco le tue 40 sterline. Buona giornata.

ADAM Grazie. Anche tu. Ciao.

Chapter 17

La madrina

Adam e sua madre stanno visitando la madrina di Adam.

SIGNORA. NERO Wow, guarda quanto sei alto. Non riesco a credere quanto sei alto. Devono darti da mangiare bene a Taiwan. L'ultima volta che ti ho visto, eri solo fino a qui. Quanto sei alto adesso?

ADAM Sono 180 cm. Non è così alto.

SIGNORA. JACKSON In realtà è uno dei più bassi della sua classe. Lo è sempre stato dall'asilo.

SIGNORA. NERO Beh, sei ancora molto alto per me. Ti ricordi di me?

ADAM Non proprio. Quanti anni avevo?

SIGNORA. NERO Era alla tua festa del quinto compleanno. Siamo volati a Taipei solo per vederti.

ADAM Tutto quello che ricordo di quella festa è che il mio migliore amico mi ha regalato una calcolatrice.

SIGNORA. JACKSON È tutto ciò che ricordi? Né il clown né la torta di compleanno?

ADAM Niente. Solo la calcolatrice.

SIGNORA. NERO Ricordo ancora quel pagliaccio. Era molto bravo. Non era uno dei tuoi vicini?

SIGNORA. JACKSON Sì. Il signor Huang dall'altra parte della strada.

ADAM Il vecchio signor Huang! Ma odia i bambini. Ci rimproverava sempre perché giocavamo a hockey per strada.

SIGNORA. JACKSON Stava solo cercando di proteggerti dall'essere investito da un'auto. A quel tempo vivevamo in una strada molto trafficata.

ADAM Non ricordo che fosse così occupato. Il nostro quartiere era così tranquillo. Ero felice che ci fossimo trasferiti prima che iniziassi il liceo.

SIGNORA. NERO Grandi ricordi. Riesci a credere che siano passati 15 anni da quando ci siamo visti?

SIGNORA. JACKSON Lo so. È passato troppo tempo.

SIGNORA. NERO Lo sapevi che io e tua madre ci vedevamo tutti i giorni quando eravamo adolescenti?

ADAM Sì, ha detto che eravate migliori amiche. Ed è per questo che ti ha chiesto di essere la mia madrina.

SIGNORA. NERO Mi ha presentato a mio marito. Inizialmente voleva uscire con tua madre, ma lei gli ha detto di chiedermi di uscire.

SIGNORA. JACKSON Sapevo che voi due eravate una coppia migliore. Sognavo di viaggiare per il mondo, quindi non volevo un ragazzo.

SIGNORA. NERO Beh, avevi ragione. A proposito, quando hai detto che saresti venuto, ho guardato alcune delle nostre vecchie foto. Ecco uno di me e tua madre che andiamo in discoteca.

ADAM Haha, mamma, guarda la tua pettinatura.

SIGNORA. JACKSON Questa era la tendenza in quel momento. Sono sicuro che i tuoi figli guarderanno le tue foto e rideranno.

SIGNORA. NERO Ed ecco uno di noi al mercatino di Natale. Quello è stato il giorno dopo che mio marito ha proposto e stavamo festeggiando con il sidro caldo.

ADAM Sembrate entrambi molto felici. Tuo marito è al lavoro adesso?

SIGNORA. NERO Sì, lavora come vigile del fuoco. Anche i nostri due figli lavorano come vigili del fuoco, ma in postazioni diverse.

ADAM Ottimo. Quanti anni hanno?

SIGNORA. NERO Alan ha 31 anni e John 29.

ADAM Sono sposati?

SIGNORA. NERO John ha sposato la sua ragazza del liceo quando aveva 18 anni e hanno tre bellissimi bambini. Alan era sposato ma hanno divorziato di recente. Condividono la custodia della figlia.

SIGNORA. JACKSON E tu? Come ti stai godendo la pensione?

ADAM Oh, sei in pensione? Dove lavoravi prima?

SIGNORA. JACKSON Era una direttrice di banca.

SIGNORA. NERO Esatto. Appena i bambini hanno iniziato l'asilo sono andata a lavorare in banca e sono rimasta lì per più di 25 anni.

ADAM Non mi ero reso conto che l'età pensionabile in Inghilterra fosse così bassa.

SIGNORA. NERO Non lo è. Ho deciso di andare in pensione presto e prendere lezioni di arte.

SIGNORA. JACKSON Questo mi ricorda che ti ho fissato un appuntamento in banca per parlare con un rappresentante della compagnia di assicurazioni.

ADAM Sanno a cosa serve l'appuntamento?

SIGNORA. JACKSON Sì, il rappresentante Mr. Booth ti spiegherà tutto.

SIGNORA. NERO Oh, questa foto è divertente. Questa è tua madre dopo che ha rotto lo specchio mentre faceva una verticale.

SIGNORA. JACKSON Quello specchio era un pezzo d'antiquariato. Tuo nonno era furioso. Questo è un buon esempio del motivo per cui hai bisogno di un'assicurazione di responsabilità civile.

ADAM La tua assicurazione pagata per riparare lo specchio

SIGNORA. JACKSON Non avevamo l'assicurazione. Ecco perché era furioso.

SIGNORA. NERO mi ricordo. Di solito rideva delle pazzie che facevamo, ma quella volta era davvero arrabbiato.

SIGNORA. JACKSON Dice sempre che non è cristiano essere arrabbiati.

SIGNORA. NERO Sì, ricordo che lo disse. Vai in chiesa, Adam?

ADAM No. Andavo in chiesa ogni settimana quando ero giovane, ma ora solo a Natale.

SIGNORA. NERO Anche i miei figli non sono molto religiosi. Li invitiamo in chiesa ogni domenica, ma hanno sempre delle scuse.

SIGNORA. JACKSON La generazione più giovane semplicemente non è interessata alla chiesa.

ADAM È difficile per me credere in Dio quando studio così tanto sulla storia del mondo.

Chapter 18

La bacheca

Adam ei suoi compagni di classe stanno guardando gli avvisi sulla bacheca dell'università.

GABRIELE Ah, £ 200 per una chitarra acustica G2000 di seconda mano. Puoi comprarne uno nuovo di zecca per meno di quello. Chiunque abbia messo quell'annuncio sta sognando.

CAMERON Dice 200 sterline o la migliore offerta. Il venditore ha messo £ 200 ma probabilmente accetterà un'offerta per molto meno.

ADAM Chissà se vale lo stesso per questa moto. Dice £ 450 ma non voglio pagare così tanto se lo uso solo per pochi mesi.

GABRIEL È un buon modello. Se funziona, allora è un buon prezzo. Quelli nuovi costano circa £ 1500.

CAMERON Penso che faresti meglio ad andare al mercato delle biciclette. Lì puoi provare diverse bici e confrontare i prezzi.

ADAM Penso che tu abbia ragione. Non voglio sprecare il mio tempo o il tempo del venditore se non accetta la mia offerta.

GABRIEL Non riesco ancora a credere alla pubblicità di quella chitarra acustica.

CAMERON Non è così strano. Forse ha pagato molto più di 200 sterline.

GABRIEL Se riceve 200 sterline per quella chitarra, metterò un annuncio per la mia vecchia chitarra acustica per 500 sterline. Le corde sono rotte, ma è comunque un modello migliore di quello.

CAMERON Dubito che qualcuno comprerà una chitarra con le corde rotte per 500 sterline. Ora stai sognando.

GABRIELE Vedremo. Allora, Adam, stai cercando una bici?

ADAM Ci sto pensando. Sarebbe bello andare in bicicletta per la città e nella foresta.

GABRIEL Quando ne avrai uno, fammi sapere. Conosco alcuni sentieri davvero entusiasmanti nella foresta dove possiamo andare.

ADAM Ah, eccellente. Ne comprerò sicuramente uno allora.

CAMERON Allora devi comprare una mountain bike.

ADAM Bene, questo rende più facile la ricerca quando vado al mercato.

GABRIEL Nel frattempo posso chiedere al mio coinquilino se puoi usare la sua bicicletta, se vuoi ?

ADAM Grazie, ma non mi piace prendere in prestito cose da altre persone. Aspettiamo finché non ne compro uno per me stesso.

GABRIEL L'offerta è aperta se cambi idea.

CAMERON E puoi inserire un annuncio qui per venderlo prima di tornare a Taipei.

GABRIELE E rendi il prezzo molto più alto di quello che hai pagato.

ADAM Haha, forse posso fare dei soldi.

CAMERON A proposito di soldi, guarda tutti gli annunci di tutor di matematica. Come mai nessuno ha mai avuto bisogno di un tutor per la storia?

GABRIELE Lo so. I tutor di matematica possono fare così tanti soldi. Mi piacerebbe guadagnarlo per poche ore a settimana.

ADAM Non vieni pagato molto per i tuoi concerti?

GABRIEL I soldi vanno bene, ma dobbiamo dividerli tra quattro membri della band.

CAMERON Quanto sei bravo in matematica allora, Adam? Pensi di poter fare da tutor a uno studente delle superiori?

ADAM Non ricordo niente della matematica che ho imparato a scuola. Anche se mi piacerebbe guadagnare un po' di soldi extra mentre sono qui. Ci sono annunci per lavori part time?

CAMERON Eccone uno per una babysitter.

GABRIELE Haha, quanto sei bravo con i bambini, Adam?

ADAM Ignoriamo quello. Cosa altro c'è?

CAMERON Eccone uno per un call center. Dice 50 sterline l'ora.

GABRIEL Deve essere telemarketing.

ADAM Odio quando le persone mi chiamano e cercano di vendermi qualcosa, quindi non voglio diventare una di quelle persone. Cosa stanno vendendo?

CAMERON Non lo dice.

GABRIEL Cercherò il nome dell'azienda online.

Il loro sito web dice che vendono assicurazioni.

ADAM Questo è il peggior tipo di telemarketing.

CAMERON Non dice telemarketing. Potrebbe essere qualcos'altro.

GABRIEL Per quella cifra oraria, dev'essere telemarketing.

ADAM Inoltre, non credo che il mio inglese sia abbastanza buono da convincere qualcuno al telefono a stipulare un'assicurazione.

GABRIEL Sarà un buon allenamento per migliorare.

CAMERON Hmm, non vedo nessun altro lavoro qui.

ADAM Immagino che non ci siano molti lavori per gli studenti a Nottingham.

CAMERON Non necessariamente. Questa è solo una bacheca.

GABRIEL Molti posti di solito fanno pubblicità sui giornali o nelle vetrine dei negozi se vuoi lavorare come commessa.

CAMERON E puoi sempre chiedere al centro di carriera universitario. Oppure parla con il professore.

ADAM Perché parlare con il professore?

CAMERON Conosce molte persone a Nottingham e spesso riceve richieste che chiedono se qualcuno dei suoi studenti è interessato al lavoro.

GABRIEL Sì, ha anche trovato un lavoro per me e pochi altri per fare un lavoro per qualche giorno al municipio.

ADAM Ok, allora gli chiederò se ha qualche opportunità di lavoro part time.

Chapter 19

La libreria

Sabato, Adam ed Emma passeggiano per Nottingham. Vanno in una libreria e parlano dei loro libri preferiti.

ADAM Non è una buona giornata per una passeggiata.

EMMA No, non è molto bello fuori oggi.

ADAM La mia app meteo dice che presto pioverà. Mi piace l'inverno, ma a volte fa troppo freddo e piove.

EMMA So cosa intendi. Mi piacciono sia l'inverno che l'estate, ma preferisco il freddo al caldo.

ADAM È proprio così che mi sento. Quando fa freddo puoi semplicemente indossare i vestiti invernali. Ma quando fa troppo caldo, non puoi fare niente. Tranne togliersi tutti i vestiti, ovviamente.

EMMA Ah, penso che verresti arrestato per questo.

ADAM Dipende da dove lo fai. Nel mezzo della città non sarebbe una buona idea.

EMMA Forse è meglio restare in casa o andare in un negozio con l'aria condizionata. Come una libreria.

ADAM Buona idea. Ci sono buone librerie a Nottingham?

EMMA Sì, ce n'è uno proprio qui.

ADAM Ah sì. Entriamo prima che inizi a piovere. Ecco, fammi aprire la porta.

EMMA Che tipo di libri ti interessano?

ADAM A parte i libri di storia, mi piacciono molto le autobiografie.

EMMA Anch'io. Voglio dire, mi piacciono le autobiografie, non i libri di storia. Credo che si trovino al secondo piano. Questo piano è riservato ai romanzi di finzione.

ADAM Non ti piacciono i romanzi?

EMMA Ne ho lette molte, ma ne ho lette solo alcune che mi sono piaciute. Hai letto *L'alchimista* ?

ADAM Sì, credo che l'abbiano letto tutti. La mia narrativa preferita è la trilogia fantasy *Il Signore degli Anelli*. Inoltre, *Lo Hobbit* ovviamente. Li hai letti?

EMMA No, ho visto i film, ma non sono una grande fan del fantasy. Meglio i libri o i film?

ADAM I libri sono molto più descrittivi e hanno più personaggi rispetto ai film, quindi mi piacciono, ma i film erano fantastici. Il terzo film è tra i miei primi tre film preferiti di tutti i tempi.

EMMA C'è un libro che ti vergogni di amare? Voglio dire, saresti imbarazzato se qualcuno scoprisse che ti è piaciuto un certo libro?

ADAM Credo che tu me lo chieda perché ne hai uno di cui ti vergogni.

EMMA Ti dirò la mia se tu mi dici la tua.

ADAM Ahah, ok. Ma non ridere. Adoro il libro *Il diario di Bridget Jones.*

EMMA *Il diario di Bridget Jones!* Wow, non me l'aspettavo.

ADAM È un bestseller. Ciò significa che molte persone adorano quel libro.

EMMA Sì, donne.

ADAM Allora qual è il tuo?

EMMA Non è così imbarazzante come il tuo. Adoro i libri di Harry Potter.

ADAM Perché ti vergogni di amarli? Molti adulti e bambini li adorano. Vorrei non averti detto la mia adesso.

EMMA Non preoccuparti, il tuo segreto è al sicuro con me.

ADAM Oppure dimentica che ho detto quel libro. Stavo solo scherzando comunque.

EMMA Non credo. Penso che ami davvero quel libro e probabilmente anche i sequel.

ADAM Non risponderò. Allora hai un'autobiografia preferita?

EMMA Ahah, provo a cambiare argomento. Beh, non ce n'è uno che si distingue come preferito. Leggo spesso autobiografie di filosofi, ma mi piacciono di più quelle dei comici. Sono più divertenti da leggere.

ADAM A volte i comici hanno le storie di vita più tragiche. E molti si suicidano. Sai chi è Robin Williams?

EMMA Non credo. È americano?

ADAM Sì, era un comico e una star del cinema molto famoso. Si è improvvisamente suicidato nel 2014.

EMMA Oh, che tristezza! No, i comici che mi piacciono sono tutti inglesi. Le loro vite sono più simili alle mie ma più divertenti. Penso che sia per questo che mi piacciono.

ADAM Oh, allora forse puoi consigliarmene uno quando arriviamo alla sezione della biografia al piano di sopra.

EMMA Certo, ma non credo che sarà in cinese. Sai leggere libri in inglese?

ADAM Se è scritto in uno stile colloquiale, allora dovrei essere in grado di farlo.

EMMA Ok, bene, perché non credo che le battute si tradurrebbero bene in cinese.

ADAM Se ho bisogno di aiuto, allora puoi venire ad aiutarmi.

EMMA Ahah, vediamo. E tu? Hai un'autobiografia o una biografia preferita?

ADAM I miei preferiti sono di famosi conquistatori ed esploratori.

EMMA Quindi intendi gente come Napoleone?

ADAM Sì, come Napoleone, ma anche scrittori moderni come Bill Bryson. In realtà è anche uno scrittore divertente. Ti piacerebbero i suoi libri.

EMMA Ok, puoi consigliarmi uno dei suoi.

ADAM Vuoi leggere in cinese o in inglese?

EMMA In inglese, ovviamente. O ti stai offrendo di venire da me e aiutarmi a leggere la versione cinese? Ma dovresti sapere che mi piace solo leggere a letto.

Chapter 20

L'autobus per l'aeroporto

Alla fermata dell'autobus, Adam sta salutando sua madre mentre torna a Taiwan.

ADAM Sei sicuro di non volere che venga con te all'aeroporto?

SIGNORA. JACKSON Sì, ne sono sicuro. Probabilmente hai dei compiti da fare o vuoi incontrare i tuoi amici.

ADAM No, non ho nessun programma.

SIGNORA. JACKSON Va bene. Ho una rivista, quindi non mi annoierò.

ADAM Allora buon viaggio. Fammi sapere quando arrivi sano e salvo.

SIGNORA. JACKSON Lo farò. E studi duramente e continui a praticare il tuo inglese. Ma divertiti anche un sacco, ovviamente.

ADAM Lo farò. Mi sto già divertendo un sacco.

SIGNORA. JACKSON Sì, tuo padre mi ha detto che avevi conosciuto una ragazza.

ADAM Te l'ha detto! Avrebbe potuto almeno aspettare finché non fossi tornata a casa.

SIGNORA. JACKSON Beh, sii prudente. Se sai cosa voglio dire.

ADAM Certo, mamma. Non devi dire.

SIGNORA. JACKSON Mi sto solo assicurando. E contatta i tuoi cugini. Non vedono l'ora di incontrarti.

ADAM Anch'io non vedo l'ora di conoscerli. Manderò loro un messaggio la prossima settimana.

SIGNORA. JACKSON Sì, non aspettare fino all'ultimo minuto altrimenti sarai troppo impegnato con gli esami e non avrai tempo per incontrarli.

ADAM Sono sicuro che li vedrò nelle prossime due settimane circa.

SIGNORA. JACKSON E vai spesso a trovare tuo nonno. Potresti non rivederlo mai più dopo che avrai lasciato l'Inghilterra.

ADAM Lo farò. Potrebbe effettivamente essere in grado di aiutarmi con alcuni incarichi sulla storia di Nottingham.

SIGNORA. JACKSON Puoi ringraziarlo aiutandolo con il giardinaggio. È troppo vecchio per stargli dietro.

ADAM Certo, lo aiuterò con tutto ciò di cui ha bisogno.

SIGNORA. JACKSON Bravo ragazzo. Sei sicuro di avere abbastanza soldi?

ADAM Sì. Sto pensando di trovare un lavoro part-time per una paghetta extra, ma ho abbastanza per comprare le cose che mi servono.

SIGNORA. JACKSON Ti ho lasciato comunque una busta con dentro dei soldi sotto il tuo portatile nella tua stanza.

ADAM Mamma, davvero non avresti dovuto. Ma grazie.

SIGNORA. JACKSON Beh, dovrei salire e trovare un posto prima che l'autobus parta. Addio tesoro. Vieni a dare un abbraccio alla tua mamma.

ADAM Addio mamma. Occuparsi.

SIGNORA. JACKSON Anche tu. Ti farò sapere quando arrivo a casa. Ti amo.

ADAM Ti amo anch'io. Ci vediamo tra qualche mese.

Adam è tornato nel suo appartamento e sta parlando con Howard.

HOWARD Quindi tua madre torna a casa oggi?

ADAM Sì, l'ho appena salutata alla stazione. Mi sono offerto di accompagnarla all'aeroporto, ma ha detto che può andarci da sola.

HOWARD Non è così lontano. Potrebbe essere lì in meno di un'ora, a seconda del traffico.

ADAM Oh, è così veloce in autobus? Abbiamo preso un taxi quando siamo arrivati qui.

HOWARD E se fossi andato con lei, avresti dovuto comprare un biglietto di ritorno.

ADAM È vero. Ho risparmiato un po' di soldi.

HOWARD Inoltre, avresti dovuto tornare tu stesso dall'aeroporto.

ADAM Tanto non faccio niente. Avrei solo ascoltato musica sulla via del ritorno.

HOWARD Cosa stai ascoltando ultimamente?

ADAM Oh, di solito metto la mia collezione in ordine casuale. È un misto di rock, pop e indie. Ci sono forse anche una o due canzoni r&b.

HOWARD La mia collezione è più o meno la stessa. Ma finisco per ascoltare solo la radio. Lascio che decida cosa ascolto. Anche se mi piace ascoltare musica strumentale mentre studio.

ADAM Come sono le stazioni radio qui? Vanno bene?

HOWARD Quelli locali non sono male. Spesso senti ripetere le stesse canzoni, ma questo è comune per le stazioni radio di qualsiasi paese.

ADAM Buono a sapersi. Oh, mia madre mi ha messo in imbarazzo alla stazione. Mio padre le ha detto che ho incontrato una ragazza e lei voleva assicurarsi che facessi sesso sicuro.

HOWARD Cosa hai detto?

ADAM Certo, ho detto certo. Ma è l'ultima volta che gli dico qualcosa.

HOWARD O la prossima volta dovresti dirgli di non dirlo a tua madre.

ADAM Hai ragione. Non voglio smettere di parlare con lui. Abbiamo un buon rapporto.

HOWARD Probabilmente non sapeva che volevi tenerlo segreto a tua madre. Forse pensava che lei lo sapesse già.

ADAM Parla del diavolo. Mi ha appena mandato un messaggio.

HOWARD Ah, sapeva che stavi parlando di lei.

ADAM Oh no, la polizia ha fermato l'autobus sulla strada per l'aeroporto.

HOWARD Cosa? Ha detto perché?

ADAM Oh mio Dio! Ha detto che c'è un camion davanti all'autobus che dice "Unità per l'eliminazione delle bombe"!

Is this book helping you on your learning journey? Your thoughts on Amazon would be greatly appreciated. Your review not only helps fellow language learners but also provides valuable insights for others like you. Thank you for your contribution to the community!

More from Dialog Abroad